文博春秋五十载

巩永祥 著

河北·石家庄
花山文艺出版社

图书在版编目（CIP）数据

文博春秋五十载 / 巩永祥著. 一石家庄：花山文
艺出版社，2022.10
　　ISBN 978-7-5511-6279-1

　　Ⅰ.①文… 　Ⅱ.①巩… 　Ⅲ.①文物工作－研究－中国
②博物馆－工作－研究－中国 　Ⅳ.①K870.4②G269.2

中国版本图书馆CIP数据核字(2022)第167138号

书　　　名：**文博春秋五十载**
　　　　　　Wenbo Chunqiu Wushizai
著　　　者：巩永祥
责任编辑：林艳辉
责任校对：李　伟
装帧设计：庄　琦
美术编辑：胡彤亮
出版发行：花山文艺出版社（邮政编码：050061）
　　　　　　（河北省石家庄市友谊北大街330号）
销售热线：0311-88643221
传　　真：0311-88643234
印　　刷：廊坊市印艺阁数字科技有限公司
经　　销：新华书店
开　　本：880毫米×1230毫米　1/32
印　　张：6.5
字　　数：100千字
版　　次：2022年10月第1版
　　　　　　2022年10月第1次印刷
书　　号：ISBN 978-7-5511-6279-1
定　　价：58.00元

目　录

序

巩永祥同志 14 岁半就参加了工作，在河南省文物保护管理委员会作通信员。他虽然学历不高，但接触的都是民国年间文化界的名人，后又追随河南省第一代考古界大师安金槐、蒋若是、许顺湛等人，鞍前马后，受益匪浅。

巩永祥

所谓"谈笑有鸿儒"，年深日久，耳濡目染，巩永祥同志养成了勤学好问的好习惯。他拜我国文物考古界高级技师白万玉先生为师，深入田野考古发掘工地，蹲室内修复铜器、陶器等古代珍贵文物，听闻前辈们的光辉工作成就，感受他们对我国文物考古事业的无私奉献精神，很受感动，牢记于心。

巩永祥同志在本书中记录了瑞典地质学家、考古学家安特生，他 1921 年在河南省渑池县仰韶村对新石器时代彩陶文化的发掘，改变了我国自明、清以来，以考据学来研究历史的弊端，开创了以现代考古学来证实历史、补充历史、纠正历史、研究历史的新纪元。巩永祥同志描述了安特生于 1926 年在北京公布的在周口店采集到两枚古人类牙齿化石的消息，拉开了寻找"北京猿人"化石的序幕。1929 年 12 月 2 日，白万玉先生"刨出了'北京猿人'完整的头盖骨化石"，保存在协和医院的保险箱里，可惜的是在 1941 年 12 月 5 日运往美国的途中，被日本兵截获后失踪，至今下落不明。

在书中，巩永祥同志还描写了以我国考古大师徐炳昶（旭生）和瑞典探险家斯文·赫定为中瑞团长的中瑞西北科学考察团，从内蒙古到新疆，进行了包括文物考古在内的多学科考察。他们爬高山，越沙漠，住帐篷，打地铺，有时还会遭遇到熊、狼、蛇，碰到"早穿皮袄午穿纱，抱着火炉吃西瓜"变化无常的极端气候。白万玉先生在零下 40℃ 的低温下，冻掉一根手指，还在库车县（汉朝时龟兹国国都）因语言沟通不畅，被当地民众绳捆索绑后投进监狱。在这样恶劣的环境下，考察团成员众志成城，矢志不渝，克服艰难险阻，忘我工作，终于取得了多项科学考察成果。他们在内蒙古发现了白云鄂博铁矿，成为今天包头钢铁公司的主要原料基地；在额济纳旗发现了一万多枚汉代竹简，这是汉代张掖郡居延都尉所辖烽燧遗址所出，称"居延汉简"，乃汉代边塞上的屯戍档案，为研究汉代历史开辟了一条新的路径。

在书中，巩永祥同志还记述，苏秉琦先生（我在北京大学历史系考古专业读书时的考古教研室主任）作为北平研究院史学研究所的研究人员，1934年在宝鸡斗鸡台以现代考古学方式进行科学发掘时，一时经费用尽，无法继续进行，即派白万玉先生到西安找其兄苏秉璋求助，苏秉璋捐资500银圆而不求回报，这种为公忘私的高风亮节精神，实在感人至深！

巩永祥同志虽然命运多舛，受过不少委屈，换过许多工作，但对文物考古与博物馆工作的热爱，矢志不渝。"处处留心皆学问"，他这本书所记录的事件，有时间、有地点、有任务、有情节，以讲故事的方式，记述历史事实，传播先辈成就与高尚情操，使后人得以知晓、学习。

巩永祥同志从事文博工作五十载，真的是"阅尽群星"！

我和巩永祥同志一起在河南省博物馆工作 17
年，今遵所嘱，不揣冒昧，特此为序。

任常中
2020 年 4 月 20 日于河南博物院

（任常中先生20世纪60年代毕业于北京大学历史
系考古专业。原河南省博物馆馆长，现为河南博物院
研究员。）

自　序

1936 年 7 月 30 日，我生于开封市无梁庵的一个劳动人民家庭里。在我出生前，父亲和两个叔叔先后都被抓壮丁给抓走了。

解放后，二叔和三叔先后都有了消息，二叔从部队转业在连云港码头当了工人，三叔从部队转业到宝成铁路隧道公司当了工人。唯有我的父亲一直杳无音信。我那苦命的母亲在那个年月靠在河南大学的一位教授家当保姆，辛辛苦苦把我和姐姐拉扯大。

我小学尚未毕业，母亲实在无力供我继续上学。幸得河南大学一位教授介绍，我才得以到河南省文物管理委员会当了一名小小通信员。

我初次踏入社会，就一脚迈进了"大知识分子窝"里，文管会的委员们和研究人员都是一些德、才、望三高的先生们，是典型的高级知识分子。他们都是道德高尚、才华出众的人，个个都有不凡的传奇人生。

我追随他们的步伐，受益匪浅，渐渐地自己也成长起来。

如今我已是耄耋之年，我认识的那些人、听闻的那些事，我必须把它们写出来，让他们的故事在世间流传，让他们的精神为后人敬仰。否则，将会是我的终生憾事。

我写这本小书，有一个基本原则，就是必须要做到实事求是，绝不戏说，在如实述说的同时，我还要尽量把故事写得生动有趣，让人如临其境，如闻其声，如见其人。

河南博物院开馆仪式留念

参加偃师商城博物馆开馆典礼留念

第一章　初入文管会，得识诸先生

第一节　我所认识的那些先生们

1951 年 1 月 28 日，我到河南省文物管理委员会（简称"省文管会"）报到，算是正式参加了革命工作。

河南省文物管理委员会就在开封市三圣庙前街东头路北河南省博物馆后边的一个大天井院内，这座大天井院是中西合璧的风格，南、北、西三面是高大的楼房，楼上楼下均是圆形拱门构成的宽大前廊，所有门窗均是半圆拱形。现在三座楼房二楼互通，合用一条宽大的外楼梯。我去时还没有外边的大楼梯，三座楼房二楼也不互通。南楼东头内有一楼梯可通西楼，不通北楼。北楼东头内有一楼梯，可直达北三楼，北二楼西头是间有窗的大房间，和西楼不通。靠北的一排房间，就是省文管会的办公地点。

大天井院内，只有东侧是平房，但其台基较其他三面高，房前有罗马式圆形柱子支撑前廊。罕为人知的是，这就是冯玉祥主豫时的"冯公馆"。

我到北楼报到时，省文管会加上我一共才 7 人，因为该单位才成立不到半年（1950 年 8 月成立）。

文管会主任是国内著名史学家嵇文甫，当时他是河南大学校长，后来又担任过郑州大学校长、河南省副省长。

文管会常务副主任孙文青，兼河南省博物馆馆长。解放前任南阳县教育局局长、河南博物院特聘研究员。

具体负责日常工作的是文管会委员兼秘书赵全嘏。

还有四位常任委员：靳志、刘庄夫、孟新元、胥派瀛。

当时，一个大门两个单位——博物馆和文管会，都是文博单位，共用一个食堂。省文管会行政上挂靠在河南省文教厅（今教育厅）文化科（处级科），科长是杨子固，副科长是周奇之。

河南省博物馆于 1927 年 7 月筹建，1928 年 5 月正式开馆，名为河南民族博物院，是中国开办最早的博物馆之一。1930 年易名为河南博物馆和河南省立博物馆，1954 年又改为河南省博物馆。1961 年随省政府西迁郑州，就是现在的河南博物院。

接着从河南省艺术学校分配来两人，其中一位丁伯泉分到省文管会工作，另一位苏思义分到省博物馆工作。

后来省文管会又调来蒋若是等人，由于办公面积容不下，只好从冯公馆搬迁到西边刷绒街上原河南省图书馆后的东北偏院。这儿比博物馆后边的天井院大多了，进了大门径直往北走，到头迎面有一个大圆月亮门，门外靠西有一耳房，门外靠东有一宽敞的大房间，均归省文管会使用。进去圆门往前是湖水，水上建一木桥，通向湖中央并排有东西两间亭房（后均安排住人）。进圆门往右顺廊道十几米就是一处很考究的院落。院中央是南北约 150 米、东西约 120 米的空地，地面均铺着青砖。

北屋是一排连通宽大的五间起脊老式瓦房，屋内东端有一小门，通向一大间暗房，北边开着一扇大窗户。暗房南面还有门，通向东屋一排三大间起脊老式瓦房，南房山外是一处厕所。

北屋西房山外，是新建的厨房。院南屋也是宽大的四间起脊老式瓦房。北、东、南三处房除门外，每间中央都留着一扇大玻璃窗，屋内显得特别明亮。

西边临湖建有一道花墙，顺花墙往北直达厨房。每处房屋前都有粗大的红木柱子支撑起宽敞的前廊。院内北屋正门两旁有两棵成型的倒栽槐，院内东北角有棵粗大的古槐，庞大的树冠，把院内三分之一遮成阴凉，其他靠院西边和东边有小型花坛，花坛内种植着各种花卉。

省文管会搬到这个新址，环境幽美，房间也多了，接着不断地进新人，又从河南省艺术学院分配来俩人，一位是张建中，另一位是董祥。接着从郑州调来了曾经发现郑州商代都城第一人的韩维周，又从外地调来了一位女同志张超人。

有一天上午，我正在院内花坛摆弄花草，主任嵇文甫叫住我："小鬼，你知道大金台旅馆吗？"

我直起身说："知道，就在鼓街路南边。"

嵇主任说："好，我给你写个条子，你坐我的车去接一位从北京来的客人。"

于是，我拿着嵇主任写的条子，由他的警卫员小陈领我到大门外，送我坐上嵇主任的黑色小轿车，我在副驾驶座位上刚坐稳，身边的司机师傅和蔼地问我："小鬼，去哪儿呀？"

我把手里嵇主任写的条子在师傅眼前晃了晃，说："到鼓楼街大金台旅馆接位客人。"

司机师傅点点头，车子就起动了。说实在的，我这是第一次坐小轿车，汽车风驰电掣般转眼就到了大金台旅馆。汽车停稳后，司机师傅忙跳下车，把我右边的车门打开，我下车后，旅馆的服务员跑过来迎接我，他们看我头戴八角帽，下穿灰色马裤，又从小轿车上下来，一位上岁数的服务员上前一步，满脸堆笑地说："里边请！"

我一看这阵势，忙举出手里的条子说："我是来接从北京来的一位陈先生。"

这位上岁数的服务员接过条子一看，说："小同志，随我来。"他很热情地领着我往后院走，过了一道门，往东一拐，靠近二门有一处朝阳的客房。此时，客人身穿毛衣正在门前活动，老服务员上前一步说："这位小同志找您。"说着把条子递上。

那位客人一看条子，说："我正等着呢，等一下，我穿上衣服咱就走。"

客人穿上外衣，我领他往外走，老服务员客客气气地把我们送上汽车。

汽车从大金台旅馆一直到省图书馆大门前停下，司机师傅先跳下车，打开右边的前后门，客人和我先后下了车。我带路径直往后院走，我们进了月亮门往东走，刚下了走廊台阶，从北屋迎出一群人，有嵇文甫主任、孙文青副主任、赵全碾秘书等，他们热情地把客人迎进了北屋。

众人在一张长方形的会议桌前坐下，由嵇文甫主任宣布成立河南省文化事业管理局（今河南省文化厅），并任命陈建平为第一任局长。

河南省文物管理委员会最初进来的委员和研究人员，个个都是满腹经纶、经历非凡，为了称呼方便，统统称为先生较妥。

这些先生们，我详细记了几位的故事，其他先生的生平附录文后。

靳志先生：其人素简，其字清隽

靳志（1877—1969），字仲云，河南省开封市人。著名书法家，擅章草。

靳志先生家住柴火市附近的卢房胡
同，当时我常去他家通知他开会和送工
资。在单位，我听说他 18 岁中进士。
另外，还听说他和斯大林是朋友。

毛主席 60 寿辰时，他曾亲笔给毛
主席寄去贺幛，中共中央办公厅代毛主
席回礼一幅条幅。"文化大革命"时

靳志

期，先生把中央回的这幅条幅挂在正当门，笔者曾亲
眼见过。红卫兵小将破"四旧"，去抄先生的家，被街
道干部介绍说："先生是毛主席的朋友。"小将们一听
扭头就走了，先生由此免遭了一场劫难。

先生生于清光绪三年（1877 年），工词章、精书
法、擅章草，名闻全国。要说起他的书法，还有一段
有趣的插曲。先生自幼聪敏、勤奋好学，文章也写得
极好，光绪二十三年（1897 年）即以第五名举于
乡，中了举人，也有说他 18 岁中进士的，有误，是 20
岁中举人。

次年（戊戌年），先生赴京师应礼闱参加会试，入
贡院号舍，凡九昼夜，一战告捷。旋以"添注涂
改，不符磨勘"，罚停殿试一科。又遇庚子之变，两宫

（慈禧、光绪）西狩，至癸卯始补廷对，用工部主事（事见靳志遗稿《京师贡院行·序》）。这也就是说他本来在光绪二十四年（1898年）会试就考中了，只因为字写得不好，被罚停一科，不巧又赶上八国联军进北京，庚子一科停办，直到癸卯年（1903年）也就是科举的最后一科，才算中了进士，这也是先生所说的几乎中了状元的原因。

"梁武帝时举秀才，谬者罚饮墨汁一斗。"这条法规虽然荒唐，却沿袭了好几个朝代。清朝废除了这条陋规，又有了罚停一科的新规定，正被靳志碰上了，这原本不是件好事，但靳志由此认识到了习字的重要性，发奋习书，终于成为一代书法名家，这又未尝不算是一件好事。

先生后入京师大学堂译字馆，学习法语、英语，次年即以中国第一批公费留学生的身份赴法留学，学习工业及政治经济。在此期间，先生参加了孙中山先生发起的同盟会，从事推翻清朝、推行共和的革命活动，历时七年，直到1912年中华民国成立后，始回国，初任职于北洋政府，因反袁被撤职，后加入国民党政府外交部工作。

1919 年，先生任驻比利时大使馆秘书。从此他一直在外交部门工作，游历了英、法、德、意、俄、荷、比等十几个国家。这段时间内他有可能认识了斯大林。中华人民共和国成立初期，毛主席访问苏联，斯大林曾问毛主席认识贵国的靳志先生吗。当时毛主席说不认识，然后他就给周总理打电话，周总理就把靳志请到北京，先生不愿留在北京，后来就把先生安排到了河南省文管会和文史馆，聘为常任委员。

由于先生所处职务环境的变化和缄函往来的需要，在书法的传习过程中，先生对刻板的馆阁书体逐渐产生了厌倦，改习王羲之的《兰亭》《圣教》《十七帖》等，兼学褚遂良、李北海，一洗馆阁旧体书风，书法有了很大改变。

先生其人素简，其字清隽，功力内含，纯以意取，不求形似，但用笔提捺转换则恪守法度，从不苟且，更不补笔描摹，终成一代名家。

先生学习章草时，书坛还闹了一场轰动一时的"章草案"。为了探讨草书结体的需要，先生曾从王世镗（鲁生）习章草并深得其意。

王世镗性朴讷，屡试不中，穷困潦倒，闭门研究草书数十年，但在以功名利禄为重的旧时代，当时的书坛根本不知王氏其人，而靳志先生不以功名成败论英雄，从其习书，并帮助王氏完成了《稿诀集字》（一部讲解草书结体的专著），刻石于关中，实属慧眼识珠、遗泽后世，令人可敬可佩。

后王世镗作品面世后，竟被当时的章草名家罗复戡断为古人作品。靳志先生乃在报纸上发表文章，并推出了王世镗本人，使罗大跌眼镜，后经于右任先生出面打圆场，才算了结。

先生虽长期在国民党政府外交领域工作，但他对国民党独裁统治不满，常采取不合作态度。抗战胜利以后为了糊口，他仍在外交部挂个闲职，寄情于诗词书法。其实，正是由于他在诗词、书法方面的成就，以及在社会上的名望与资历，才保全了他在外交部挂闲职的资格。1949年南京解放前，先生不愿意去台湾，要求留在南京留守处。

"钟山风雨起苍黄，百万雄师过大江。"渡江战役打响之后，靳志先生忠于职守，日夜坚守在外交部，守护国家财产、档案的安全。南京解放后，留守处向人民政府进行了移交，受到了人民的欢迎。

先生后来定居开封。后被聘为河南省一、二、三届政协委员，河南省文史馆馆员，河南省文物管理委员会委员，还曾当选河南省人民代表。

刘庄夫先生：谈吐不凡，贵人相助

在文管会四位常任委员中，只有刘先生一人住单位，就住在北屋西头两大间，人们尊称他"庄老"。

当时我也住单位，晚上没事我常到他房间玩，庄老很和蔼好客，每晚我去他家里他都热情地泡新茶给我。他喝茶很考究，根据季节来喝新上市的茶。

我和庄老比较熟，听他说自己家住新县农村，父亲是村塾教书先生，儒学底子不错，可他偏偏喜欢习武，当年看《聊斋》入迷，经常深夜手提白蜡杆儿到野地乱坟岗去找狐仙。

庄老年轻时性情耿直，见不得不平之事。本村有一恶少欺男霸女，庄老为民除害把那恶少打伤，恶少家有钱有势，告到了县衙，他只好连夜逃到开封。据庄老说，逃至开封之时已是深秋，身上穿得单薄，腰里没带多少钱，每晚就只能住在西门里城隍庙内，冷了就跑步，饿了就买块烤白薯充饥。

白天没事儿他就在街上闲逛。一天他逛到新街口往南路西，清朝时这里有一个学堂。中华人民共和国成立后此地变为艺术学校，学堂对门过马路路东有一排平房，住的都是外地的学生。庄老走过去，见一年龄相仿的学生正坐在一间屋子门口读书。

他主动上前打招呼，那学生热情地把庄老让进屋内坐下，两个人谈得很投机。那位学生姓李名松，家住卫辉府浚县（今属河南省鹤壁市），这是他租的房，就在对门学堂读书。

李松听了庄老自我介绍，对庄老很同情，见庄老谈吐不凡，就说："刘兄，我有一事相求。"

庄老："有什么为难事？请讲。"

李松："昨晚老家捎信来说，我父亲病重让我速回，眼看这几天就要考试了，我想求你替我应考，不知可否？"

庄老说："替考！不知我能胜任否？"

李松忙说："听你言谈满腹学问，我把考试大纲给你，对你来说这不是个难事儿。"

庄老说："好吧，我可以试试，尽力而为。"

李松站起来说："刘兄，你帮我解决了一个大难题，明天我就可以回老家尽孝了，以后你就不必住庙里啦，我把这房子钥匙交给你，明天开始你就可以住这儿，吃饭到隔壁永兴饭庄，让老板记我的账。刘兄，已快到中午了，走，我们去永兴饭庄吃饭，我给你介绍一下，以后你可以自己去吃饭，记我的账。"

李松回老家半个多月后，他父亲因痨病去世了。他料理好家事后，就回到了开封。听说庄老替他考试考了前五名，李松很高兴，非常满意地说："刘兄，你还很年轻，前途无量，不要误了学业，你应该继续求学，我会大力资助你！"

庄老听了李松一席肺腑之言，提起了精神，在李松的帮助下，潜心学习。他先后考取了河南省大学堂、北京陆军学堂。

庄老讲，他在军校还有段趣闻，有一次军部派人到学校视察，校方动员全校人员起来大扫除，改善生活，使学校面貌焕然一新。在全校大会上，来视察的长官上台讲话："同学们，学校环境搞得不错，生活丰富多彩。同学们还有啥建议，可以提出来，我们一定改进……"

台下鸦雀无声，突然，靠前排就座的刘庄夫高举起右手大声道："报告，我有话要讲！"

台上的长官和颜悦色地说："那位同学，请上台讲吧！"

刘庄夫登上讲台，不卑不亢，先向台左边就座的视察长官行个军礼，又向台右边就座的军校教官行个军礼，最后到台口向台下行个军礼，然后清清嗓子，大声讲道："同学们，这两天我们的伙食好吗？"

台下议论纷纷，台上的教官们个个愕然，有的还不断用手绢擦额头上的汗。

刘庄夫接着说："我们将来都是军人，不要弄虚作假，平常该啥样还是应当啥样……"

台下议论纷纷……

台上的长官们也个个交头接耳。

军部来人视察后没几天，往军校下发了五个去日本振武学校留学的指标。

庄老说："去日本留学本来轮不着我，但校方研究后说刘庄夫是个刺儿头，就把我派出去了。"

庄老在日本曾参加同盟会，为推翻清王朝作斗争，为资产阶级民主革命作出了贡献，后为民革党员。回国后，他曾任上海沪军都督府参谋长、烟台登州行营先锋司令官首讨袁军总司令、豫南武装警察司令、河南省七区专员兼七路军司令。

据庄老讲，他回国后，蒋介石曾让他当过参谋长。但是，我没查到具体情况。

中华人民共和国成立后，庄老曾任河南省人民政府生产救灾委员、省人民代表大会代表、省政协委员、省土改委员会委员、省失业工人救济委员、民革分会筹备委员、省文物管理委员会委员等职务。

郭玉堂先生：一生为学

郭玉堂（1888—1957）字翰臣，居号十石经斋，铺号墨景堂，河南孟津县（现归属于洛阳市孟津区）刘坡村人。20 世纪 20 年代受聘为北平图书馆名誉调查员、故宫博物院考古采访员。近代洛阳著名金石学者和拓片收藏家。中华人民共和国成立后，先后在河南省文管会、省文史馆工作，著《时地记》。

"生在苏杭，葬在北邙。"自古以来，洛阳以北的邙山就是帝王将相、达官贵人的葬身之所。自 1905 年始，邙山盗墓之风猖獗，盗墓者往往把精美、轻便的文物盗走，留下了重达几百公斤的碑刻墓志。这些碑刻墓志记载着墓主人的生平，刻在石碑上的字画还是难得的艺术精品。

郭玉堂先生的家紧靠邙山，18岁那年，他学会了从古代碑刻上捶打拓片的技艺。每遇到盗墓者未能带走的碑刻墓志，他就把碑刻墓志上的内容打成拓片。到1909年，先生已经收获颇丰，他在洛阳东大街上开了一家名号为"墨景堂"的碑帖店，专营拓片生意。因他打出的拓片多是罕见之物，其中好的拓片一个字就能卖一块大洋。

听说洛阳"墨景堂"多有上乘拓片，时任北京故宫博物院院长的马衡、北京图书馆馆长蔡元培、上海博物院院长徐森玉、辛亥革命元老张钫等人纷纷慕名前来，郭先生与他们遂成好友。

1918年，郭玉堂关闭了碑帖店，专心研究历史和考古。1939年，他在北大毕业的儿子郭文彬的帮助下，集毕生精力著成《时地记》，于1941年出版上册，为后来的文物考古工作者进行考古发掘、考证陵墓提供了重要依据。不幸的是，在故宫工作、年仅30岁的郭文彬却因伤寒于当年在北京病逝，没能看到此书的出版。

郭玉堂先生当年收藏的拓片

1931 年，先生通过辛亥革命元老张钫结识了时任陕西省靖国军总司令的于右任，张钫和于右任均酷爱书画，而且张钫是洛阳新安县人，他和于右任商量，出资委托郭玉堂收购碑刻墓志。于右任收藏西晋至隋代碑刻墓志，张钫重点收藏唐代碑刻墓志。

郭玉堂发动家人在邙山上下遍寻碑刻墓志，共计收购了碑刻墓志 2000 余件，其中唐代以前的有 800 多件，被于右任运至北平，后捐赠给西安碑林；唐代碑刻墓志 1209 件，被张钫运至新安县铁门镇修建了一所豫西特色的砖券窑洞，后将 1360 件碑刻墓志镶嵌在 3 个天井和 15 孔窑洞的壁间，这就是今天的千唐志斋博物馆，现为全国重点文物保护单位。

张钫允许郭玉堂对"千唐志斋"里面的每个碑刻墓志捶打 100 张拓片，郭玉堂共计捶打拓片 13.6 万余张。

1931 年在洛阳北邙半山坡上，盗墓者从北魏宁懋石室中盗走了 9 件珍贵碑刻墓志。宁懋石室是一座我国近代出土的著名石室，对研究汉魏时期的历史及碑刻墓志艺术有着极其重要的参考价值。

郭玉堂得知这一消息时，这 9 件珍贵碑刻墓志已被上海的古玩商购得，并已装上火车，停在洛阳火车站准备运往上海。郭玉堂马上找到了张钫。在张钫的安排下，他连夜将这 9 件碑刻墓志捶打了拓片。如今，这 9 件碑刻墓志保存在美国波士顿博物馆，我国的文物工作者只能从郭玉堂遗留下的拓片中感知它们的珍贵价值。

1950 年 8 月，河南省文物管理委员会在当时的省会开封市成立，早期能进入省文管会的均是有大学问的名流耆宿，由于郭玉堂在国内考古界知名度很高，尽管他已经是 63 岁的高龄，仍被聘为省文管会的工作人员，从事历史研究工作。

20 世纪 50 年代初，时任国家文化部副部长的郑振铎来河南检查工作，点名要见郭玉堂，对他在中华人民共和国成立前出版的《时地记》上册给予了高度评价。

得知《时地记》下册迟迟没有出版后，郑振铎在翻阅书稿后批示："此书要尽快出版。如果出版有困难，我设法解决，应尽快修改抄写。"根据郑振铎的批示，省文管会马上组织人力整理书稿，但因为新中国成立初期百废待兴，人事变动较大，书稿整理好后迟迟未能出版。

郭玉堂因年迈多病，于 1957 年病逝。随后，洛阳市考古队负责人考虑到《时地记》下册对洛阳考古界的重要性，将书稿取回，后来眼见出版无望，便把书稿交到了郭玉堂的孙子郭建邦的手中。

郭建邦是 1951 年跟着他爷爷郭玉堂来开封上学的，他和我同庚，现在也是耄耋之年的老人了。当时他和爷爷也住在省文管会，我们经常在一起玩耍。

郭建邦从 1956 年参加工作至 1996 年退休，在文物部门干了 40 年，先后主持发掘了上千座古墓，而让他最得意的就是根据爷爷郭玉堂留下的《时地记》上册中的字条，发现了北魏孝文帝的陵墓。北魏孝文帝拓跋宏是中国历史上一位杰出的皇帝，他迁都洛阳，开凿龙门石窟，为人类留下了一笔宝贵的遗产，但他死后埋葬于何处，却一直是个历史之谜。

1965 年，在省文化局文物工作队工作的郭建邦回洛阳老家休假，无意中又看到了爷爷遗留下的《时地记》上册，闲来无事就仔细阅读起来。这时，一张字条从书中滑落，上面写着"文昭高皇后墓志在洛阳大小冢之小冢内出土，碑石已残缺"。文昭高皇后即北魏孝文帝的妻子，而据《魏书》记载："文昭迁灵梓于长陵兆西北六十步。"

郭建邦一看如获至宝。随后，郭建邦独自一人来到北邙山上的官庄村，这里的确有一个大小冢。清乾隆年间洛阳知县龚崧林曾考定大冢为汉顺帝墓，小冢为汉灵帝墓，大小冢之间的距离为 103 米，用脚步丈量为 61 步，两者十分吻合。且北魏在汉之后，如果是汉墓，小冢里不可能会有北魏皇后的墓志，郭建邦由

此推断大冢为北魏孝文帝墓，即长陵，并在《考古》
杂志上发表了有关文章，引起了学术界的重视。这才
有了后来洛阳考古专家依据他的发现和《时地记》上
册的记载，对北魏宣武帝元恪的景陵、北魏孝明帝元
诩的定陵等皇陵做出了最终考定。

1966 年，郭建邦与远在四川当兵的哥哥郭克温商
量后，将家藏的 12 万多张拓片捐给了国家。这些拓片
大部分来自张钫所建的"千唐志斋"，而张钫的后人也
没有忘记这个地方。

1980 年，在中国台湾居住的张钫之女张广仁给国
家有关部门发函，希望能得到千唐志斋的一套拓片。
因为郭建邦有捶打拓片技术，这项工作自然就落到了
他的肩上。又因为千唐志斋建成多年来，一直没有结
集出版，国家文物局遂决定由郭建邦与同事武志远整
理、撰文出书。

在拓片交付张广仁后，郭建邦与武志远在 3 个月
内完成了《千唐志斋藏志》书稿。1983 年，国家拨款
23 万元，并于 1984 年 1 月由国家文物出版社出版发行
该书。

郭建邦在欣喜之余，再次想到了爷爷所著的《时

地记》下册，这本书稿已在他家书柜里"睡"了27年。其间，他曾辗转找到一家出版社，出版社的编辑看罢书稿后，希望他能请名人写个序言。"我哪里认识什么名人呀，只好把书稿取了回来。"郭建邦说。

自从1986年调到河南省古代建筑保护研究所后，郭建邦才有时间重新整理这本书稿。"幸亏没有出版，在我干了几十年考古发掘后，发现爷爷的书稿里有些地方前后年代有错，另外其内容过于简单，还需补注，于是我在1996年退休后专注于这本书稿的整理。"

1972年，郭建邦的大儿子郭培育到郑州商城遗址工作站从事考古发掘，这一干就是30多年，其间他主持发掘了近百座古墓。郭培育的弟弟郭培智于1984年进入河南省文物研究所工作。如今哥儿俩一个从事考古发掘，一个搞文物研究。

郭培育说："说实话，我对洛阳不是很熟悉，自然对曾祖父所著的《时地记》没有太多研究，对于下册是否能出版也很少关注。"但到了2002年，有两件事对他影响很大，使他开始重新审视曾祖父的著作。

一是日本明治大学东亚石刻文物研究所所长气贺

泽保规以影印的方式，在日本出版了郭玉堂的《时地记》上册，并根据他的研究，在书中附上注解和所载碑刻墓志目录，此事引起了国内考古学者的重视。郭培育听闻此事，当时心头一震，心中有一种说不出来的滋味……

二是在配合济洛高速公路建设时，郭培育到洛阳主持发掘了 9 座古墓，这些古墓离他的老家近在咫尺，使他对整个邙山陵墓群有了新的认识。其间，洛阳的考古同人告诉他，大家都希望尽快看到他曾祖父所著的《时地记》全书，因为上册出版时间是在解放前，已经很难一见了。

从洛阳回到郑州后，郭培育和弟弟郭培智商量，要帮助父亲尽快出版《时地记》全书。于是，兄弟俩从父亲手里接过已出版的《时地记》上册和未出版的下册书稿，重新进行整理。在两年的时间内，他们利用业余时间一连整理了三遍，2005 年 4 月，将书稿交付给大象出版社，最终于 2006 年春节前夕得以面世。

一家四代人，经历了 65 年时间，终于完成了《时地记》这本书从写作、整理到出版的全部工作。全书记载了从洛阳北邙出土的共 3290 件碑刻墓志的出土时间、地点及经过,成为研究相关历史的不可或缺的宝贵资料。

我国著名考古学家、国家文物局原局长张文彬看罢此书后,评价道:"郭玉堂先生为洛阳文物的收集考定做出过重要贡献,人们将永远记住先生的功绩。"

注: 日本汲古书院于 2002 年出版了明治大学气贺泽保规教授编著的日本版《洛阳出土石刻时地记》,并附解说所载墓志碑刻目录。气贺泽教授积数年之功对此书进行了认真校勘,整理出版后为学术界提供了宝贵的资料。

赵世纲先生:发现裴李岗

赵世纲(1932—2021),河南省焦作市王封村人,考古学家。1951年参加工作,1953 年参加了由河南省文物保护管理委员会举办的第一届文物培训班,自此开始涉足考古领域,对文物考古工作产生了浓厚的兴趣和热爱,虽然先生不是科班出

赵世纲

身，但通过自身的努力学习，刻苦钻研，深积厚累，几十年风风雨雨，在田野考古调查、发掘与学术研究方面取得了许多重要的且具有广泛影响的成就，对河南省文物考古事业的发展，作出了积极的贡献。

20世纪60年代初期，赵世纲先生编撰了一部名为《河南南阳汉画像石》的书。当时出版社已经准备出版，可惜在"文化大革命"中，原书稿被抄走。提及此事，他总是大度地说："错误的年代发生错误的事情，过去了就让它过去吧!"赵世纲是真正的金子，再多的泥沙也掩盖不了他的光芒，经历的磨砺越多，就越加光芒四射。之后赵先生在考古界所取得的累累硕果，就是对此真实的印证。

文物考古是一项非常专业的工作，除了要具有丰富的专业知识和不断积累的田野考古发掘经验外，还要敏于思考，善于总结，赵世纲先生就是这样一位善于思考总结的学者。20世纪60年代初期，河南文物工作队组织大批人力到全省市、县文化馆进行古旧图书登记工作，当时赵世纲先生等一行人到辉县文化馆进行古旧图书登记工作。

那天晚上，结束了一天工作的赵世纲先生拿起一本线装《聊斋志异》，小心翼翼地翻看。要知道这些珍贵的古本书不是每个人都能看到的，通行本《聊斋志异》他是看过的，蒲松龄先生那犀利的笔锋，奇巧的构思，简练的语言，细腻的描写，也是赵世纲先生非常欣赏的。

在昏暗的灯光下，他认真地读着，细细地品味着，赵世纲先生感觉到了这本书和自己以前读的不一样，他敏感地意识到这个读本和现在通行的不是一个版本。继续往下读，果然又发现了很多不同之处，这本书上保留了许多反对清王朝的字句。最后经过他多方面的研究与考证，这是一本乾隆三十二年（1767年）刻印的十八卷本《聊斋志异》。此书在蒲氏生前只有手抄本流行，十八卷本是最早的刻本，其内容接近原著，比如有《某经略》这篇故事是影射大汉奸洪承畴的，此故事在后来的十六卷本里被删掉了。十八卷本发行后可能很快被清政府收缴销毁，民间流传很少，能够保存至今的就更少了，因此显得弥足珍贵。后来赵世纲先生撰文发表于《光明日报》上，得到业内同人的认可，此书后被河南省图书馆收藏。

20世纪70年代初期，赵先生被下放到河南省密县。密县文化馆收藏了许多石磨盘、石磨棒，这引起了先生极大的研究兴趣，这是哪个时代的产物？做什么用的呢？它为什么做成这么奇怪的样子？假如是石器时代的东西，那么我们的祖先又是使用什么工具将它琢磨成型的呢？这一连串的疑问一直萦绕在赵世纲先生脑海中，但因为当时赵世纲先生还在农村进行劳动，没有机会进行更加深入的探索研究。

1977年初，赵世纲先生参加了新郑唐户遗址的发掘整理工作，发现新郑县文化馆也收藏了很多石磨盘和石磨棒。器物的外形和密县发现的非常相像，两个不同的地点发现了很相像的器物，难道这只是巧合？不会的，职业的敏感性使赵世纲先生相信这绝不是什么偶然的巧合。

在同年3月12日，赵世纲先生发现同事马金生从裴李岗带回来的一件两端都有刃的石铲和一个制作精良但是外形奇特的陶壶。经过询问，当时在挖掘现场的同事及文物干部孟昭东先生证实，新郑县文化馆所藏的石磨盘和石磨棒也是裴李岗出土的。这一个重大发现说明，如果陶壶与石磨盘共出，石磨盘的断代就有望解决。

次日，赵世纲先生就和当时训练班的领导崔耕先生等一行奔赴裴李岗实地考察，发现此处遗址面积很大，还收到了当时村民捐献的石磨盘、石磨棒、石铲、石斧等数十件器物。特别是4月1日，裴李岗村民李铁蛋送来的一套石磨盘和人骨化石，更加证实了赵先生先生的推测，裴李岗应是远古时代我们先祖的一个聚居地。在领导的高度重视及支持下，4月8日，裴李岗遗址试掘工作正式开始，由赵世纲先生主持，出土了一批极具特色的陶器和石器。

裴李岗文化由此被发现，从此揭开了中国古代史研究新的一页。

发掘工作结束之后，赵世纲先生随即投入到了紧张的整理和报告编写之中。在报告中，赵世纲先生依据试掘资料，援古证今，多方论证，指出裴李岗遗址是一个新的文化类型，其年代要比仰韶文化早，绝对年代当在6000年之前，应命名裴李岗文化。

当时的文物和发掘简报，被送到了北京中国社会科学院考古研究所文物考古所鉴定，夏鼐所长和苏秉琦先生一致认为，这些东西（裴李岗遗址的出土文物）的时代要比仰韶文化早，至少在 7000 年以前。夏鼐先生还为这份报告提出了修改意见。同年 11 月，中国社会科学院考古研究所对裴李岗遗址出土木炭进行碳-14 测试，结果为距今 7885（±480）年，这一结果验证了赵先生对裴李岗遗址年代的论断。

当裴李岗文化被评为中国 20 世纪考古大发现时，训练班领导崔耕赠给赵世纲先生一块"见微知著"的牌匾，落款云："裴李文化载入史册，赵君主持试掘，石磨盘之谜破解，一支寒梅迎来新春，赵功不可没……"这是对赵世纲先生最中肯的赞誉。

迄今为止，裴李岗文化遗址在河南大地上已经发现了 140 多处，其中贾湖遗址中还发现了原始文字、稻谷、七孔骨笛等，尤其是七孔骨笛，当其被公布于世时，曾引起了世界考古界的震惊。

裴李岗文化贾湖遗址中出土的中华第一笛，是八九千年前新石器时代，河南舞阳贾湖畔，先民用丹顶鹤肢骨制成的骨笛，贾湖骨笛的出土把中华文明由 5000 年上升到了 8000 年。原河南省文物研究所张居中先生（1984 年至 1987 年在第二次至第六次贾湖遗址发掘主持工作，后调到中国科技大学博物馆，任馆长、博士生导师）在世界权威学术杂志——英国《自然》杂志撰文介绍贾湖文化。该杂志网站收录有骨笛音乐，引发了世界性的关注。

20世纪90年代在人民路河南省博物馆参展的文物均是馆藏精品。骨笛展出时，省市领导都来了，观众也很多，为了文物的安全，特派来武警维护秩序，每个展厅都布有武警战士站岗。骨笛放在北展厅单独一个展柜内，当时展厅由我负责，一位武警战士专门负责看管这个柜子。

当时有一位观众问我："同志，这柜子隔壁那个柜子里放的马蹄金，为什么不派武警专门看管呢？"我耐心地向那位观众解释："您别小看这支不起眼的笛子，它是我们河南考古工作者最近才发掘出土的，早在八九千年前咱们河南的先民就用丹顶鹤的肢骨制成了乐器，这支7孔骨笛的音阶，像当今钢琴调音师调过的一样精准，举世称奇！"

那位观众又问："这支笛子能值多少钱？"

我笑笑说："您看见了吗？这座广场上停满了小轿车，把这些小轿车排成队，一辆挨一辆到二七纪念塔再拐回来，也不能够换这支笛子！这是国家的无价之宝呀！这支骨笛的出土把我们中华文明从 5000 年提前到 8000 年，您说能值多少钱?"

那位观众听了目瞪口呆，其他观众也围着展柜议论纷纷。

如今，仰韶文化源于裴李岗文化已成为考古界的共识，裴李岗文化的发现是中国新石器时代考古的一项重大突破，它填补了中国早期新石器时代文化研究的空白，其历史意义不容忽视。

附录：诸位先生资料

嵇文甫先生（1895—1963）

嵇文甫

嵇文甫先生，讳明，字文甫，河南省汲县城西二十里吕村（今属卫辉市）人。我国现代教育家、历史学家、哲学家、中科院院士，河南省政府的主要领导人之一。

嵇文甫先生少时在家乡上私塾，中学毕业后考取了北京大学哲学系。1926年，他去苏联莫斯科中山大学学习马克思列宁主义的理论，后因病归国，先后在清华大学、燕京大学、北平女子师范大学讲授我国先秦思想史、明清思想史、宋代哲学，在中国大学民国学院讲授中国社会经济史等课程，并于1931年底出版了我国第一本用马列主义观点讲中国思想史的《先秦诸子政治社会思想述要》一书。

后来，由于特务的监视和旧学者的排挤，嵇文甫只好离开北平，来到开封河南大学，以讲授中国哲学史、思想史、社会经济史为生。在河南大学期间，曾任教授，兼文史系主任、文学院长。

中华人民共和国成立以后，嵇文甫先生协助创办了中原大学，并历任河南大学校长，河南省人民政府副主席、副省长，中国科学院哲学社会科学学部委员，郑州大学校长，全国政协委员，全国人大代表，河南省文物管理委员会主任委员，以及河南省内的多种兼职。1955年，加入中国共产党。

孙文青先生（1896—1986）

孙文青先生，名林翰，号素庵。河南省南阳市社旗县人，文博学者。

1911—1921年，孙文青先生先后在社旗端化小学、南阳第二小学、省立南阳五中、北京师范大学就读。1926年加入中国共产党。1930年撰《张衡著述手表》和《张衡传》。1932年，任南阳县教育局局长，其间搜集南阳汉画像石270余块，并出版《南阳汉画访拓记》《南阳汉画汇存》《南阳草店汉墓画像集》等书，为南阳汉画的保护研究与设施建设做出了杰出贡献。1950

年，任河南省文物管理委员会常务副主任兼河南省博物馆馆长。1957 年，当选为河南省政协委员。

汉画像石研究的开拓者们

赵全嘏先生（1903—1979）

赵全嘏先生，河南省社旗县人，著名考古学家，曾就读于北京大学历史系。1936 年曾工作于民国北平研究院史学研究会。1937 年应北京大学原教务长、时任中国史学研究所所长的徐旭生邀请参加陕西省宝鸡斗鸡台墓地的重大考古发掘。当时参加斗鸡台墓地考古发掘的有徐旭生的学生兼同事、考古专家苏秉琦和田野考古发掘经验丰富的白万玉等。这场从 1934 年至 1937 年为期四年的考古发掘工作收获颇丰，对陕西省后来的考古事业影响很大。

1950 年 8 月河南省文物管理委员会成立，赵全嘏先生任委员兼秘书。后历任河南省文化局第一任文物科长、河南省文物工作队第一任队长。他是郑州商城最初发掘的考古者和参与者之一，与韩维周、安金槐、裴明相一起被称郑州商城发现者的四杰，他还是河南考古界的

著名考古学家
赵全嘏

三套马车领军人物的主要领导者。他也是郑州商城系商代仲丁迁徙的商代京城学说（隞都说）的最初提出者。

1949—1958 年，赵全嘏先生主持河南考古事业和文物发现保护事业长达 8 年，郑州商城（郑州商代二里岗文化）文化层的概念是在他主持工作期间提出的。他也是河南省中华人民共和国成立后考古人才的最先培训者，郑州商城保护的最初提出者之一。

1952 年，赵全嘏先生发现鲁山望城岗汉代冶铁遗

址，这是目前河南发现的最大的汉代冶铁遗址，1963年其被列为省级重点文物保护单位。

1958 年 4 月，赵全嘏先生被错划成右派，后被遣返原籍社旗县李店西杨庄老家。赵全嘏先生出身于地主家庭，又加上是"右派"，这位年近六旬的老人被强迫参加修建社旗县李店镇半坡大坝水库和唐河县西大桥工程的重体力劳动。

1979 年粉碎"四人帮"后，全国科学大会召开。全国右派改正通知下达三个月后，在赵全嘏先生弥留之际，省文化局党委领导在床前向赵全嘏先生郑重宣布了党为他摘帽的决定，先生带着欣慰的神情闭上了双眼。先生的离去，是河南考古事业的一大损失。他对河南考古事业的重大贡献人们不会忘记，他所培养的河南一大批考古人才也会永远怀念他。

孟新元先生 (1888—1971)

孟新元先生，河南杞县人，原名孟昭槼，曾用名孟企青。1914 年毕业于北京法政学堂，后教私塾，当律师。1920 年被聘修《杞县志》，1921 年至 1927 年被选为省议会议员。1930 年参与修撰《河南通志》。1935

年后又当律师，七七事变后，转至镇平、南阳等地，任南阳保安警察总队秘书。1940 年以后，一直在鄢陵当律师。修志时，编成《沿革考》《封建考》《名胜古迹考》等书。1949 年中华人民共和国成立后，曾任河南省图书馆馆长、河南省法院审判员、河南省文物管理委员会委员。1953 年被聘为省文史研究馆馆员并任馆委，1952 年加入民革并先后任第一、第二、第三届河南省政协委员。

胥振瀛先生（1881—1955）

胥振瀛先生，河南省光山县人，清末信阳豫南师范毕业。1914 年任卫辉中学地理教员，1918 年任北京中国大学预科国文教师。1920 年后，在中国大学监务署、交通部任秘书、文牍，1928 年任保定河北大学法制史教授，1933 年在中国大学讲经学，1937 年任安徽省政府秘书，1940 年任四川成都燃料公司顾问兼文牍，1945 年任彭县师范国文教员，1946 年至 1948 年任河南大学教授兼省政府参议。中华人民共和国成立后，任河南省文物管理委员会委员，1953 年被聘为省文史馆馆员、馆委成员。

武慕姚先生（1900—1982）

武慕姚先生名福鼎，字慕姚，自号拙叟、瓶翁，斋号贞默。河北永年（今属河北省邯郸市）人，当代著名书法家、鉴赏家、诗人。

1928年，于中国大学国学系受教于梁启超、陈寅恪、范文澜、黄侃、邵瑞彭等人。著有《洧水觚谭》《毡椎闲话》，诗集有《枣香梦影》《安陵游草》《适斋题跋》《书法韵语三十六首》《春草轩小稿》《河南省金石目》等。其书法成就尤为突出，擅多种书体，在国内外颇有影响。

武慕姚

武慕姚家世代书香。祖父武延绪，字次澎，光绪壬辰年进士，任翰林院庶吉士。后授湖北京山县知县，有政绩，谥号奉政公。父武毓荃，字湘村，太学生，光绪年间首批留日学生。武慕姚毕业于中国大学国学系，出吴检斋、邹次公、芡季刚、陆墨庵诸先生

之门。毕业后，先后在开封一高、开封一师、河南大

武慕姚赠予笔者的墨宝

学任教。中华人民共和国成立后，先后在河南省图书
馆、河南省文物管理委员会、河南省历史研究馆供职。

先生一生从事金石、考古、版本目录学、文字学、音韵学、训诂学及诗词的研究，尤精于碑帖，书画鉴赏，收藏丰厚。先生隶书堪为河南第一，从学者甚众，人称武老夫子。20 世纪 70 年代郭沫若多次来河南，曾说"河南有武慕姚先生，我怎敢写字题词"，对武先生评价甚高。

赵青云先生（1932—）

赵青云先生，1932 年 7 月出生，河南汤阴人，中国著名古陶瓷专家。1953 年参加了河南省文物保护管理委员会举办的第一届文物培训班。结业后调安阳专署文教科，年底调河南省文化局文物工作队工作。1955 年赴北京大学参加第

著名古陶瓷专家
赵青云

四届全国考古工作人员训练班学习，先后任发掘组长、业务辅导员、秘书等。1981 年，赵青云成为河南省考古研究所副所长。

赵青云现任河南文物考古研究所调研员、研究员，河南省文物局专家组成员，河南省文物鉴定委

员，中国陶瓷研究高级顾问，中国古陶瓷学会副秘书长，河南古陶瓷研究会会长，河南省鉴赏家学会副会长，河南省科技史学会常务理事兼古陶瓷专业委员会主任委员，河南省考古学会名誉理事等。兼任深圳大学艺术学院名誉教授，广州岭南文理学院客座教授、深圳玺宝楼青瓷博物馆研究员、高级顾问等。

其主要著作有《河南陶瓷史》《汝窑的新发现》《河南钧瓷、汝瓷与三彩》《钧窑瓷的鉴定与鉴赏》《钧窑》《宋代汝窑》《禹县钧台窑》《河南宋三彩》等专著10余部，发表报告、论文80余篇。

赵青云长期从事陶瓷考古研究，先后解决了中国钧瓷与汝瓷两大名窑窑口的历史悬案，对解决柴窑之谜也有所突破。"天下名瓷，汝瓷为魁。"在北宋五大名窑汝、钧、官、哥、定中，不但河南独占其三，而且汝窑位居魁首。因汝瓷稀少，李苦禅先生曾言"天下博物馆，无汝（瓷）者，难称尽善尽美也"；在民间，更有"纵有家产万贯，不如汝瓷一片（件）"之说。

传世汝官瓷有六十七件半，几乎尽藏于故宫博物院、上海博物馆等世界各大博物馆，市场难得一见。

找不到汝官窑遗址，就等于不知道它们生在哪儿，开不出出生证明！没有汝官窑遗址及其出土器物当标杆，谁能证明传世作品就是汝官窑的器物？它们只能是疑似汝官窑器物！也正因此，自20世纪初现代考古学传入中国后，考古学家做梦都想找到神秘消失的汝官窑遗址！

三代考古工作者前后寻找了将近一个世纪，终于在平顶山市宝丰县清凉寺村（古代汝州）发现了汝官窑遗址。赵青云先生说："很幸运，我们完成了三代考古工作者的夙愿；也正是我，发掘出了这件藏于河南博物院的天蓝釉刻花鹅颈瓶（河南博物院九大镇院之宝之一）。"

刘东亚先生（1924—）

刘东亚先生，1924年生于河南省柘城县，1947年高中毕业考入河南省商业专科学校，中华人民共和国成立后到河南大学行政学院学习，1950年毕业，分配到河南省财政经济委员会工作。1954年调入原河南省文物工作队（现河南省文物考古研究院），先后在河南省文物商店、省石刻艺术馆、河南博物院，从事文博工作 40 余年，现为河南博物院副研究员。

20 世纪 50 年代末，河南洛阳文物二队曾在河南偃师李村公社酒流沟水库发掘了一座宋代砖室墓，出土了六块戏曲雕砖。其中三块雕砖有五个人物，是宋杂剧的演出图像。雕像砖现藏于河南博物院。

1958 年 4 月，发掘宋代砖室墓结束，文物放在村里，此后再也没提起此事。至次年《文物》杂志 1959 年 9 月期刊出宋代砖室墓发掘简报后，引起了戏剧界研究者的关注。北京中央戏协主席田汉得悉后，立即要来河南参观这批宋代杂剧雕砖。然而此时发现该墓发掘资料和实物一无所有，省文化局原局长陈建平责令省文物工作队派人前往偃师追查杂剧雕砖的下落。

省文物工作队领导派刘东亚先生前往调查此事。这件事领导派刘东亚追查算是派对了。我和刘东亚先生 20 世纪 50 年代中期就在一起工作，此人办事一贯认真、细心、热情。他到偃师亲自跋涉 50 多里前往文物出土点李村公社调查。在公社领导的支持下，召开了村干部座谈会，有人回忆说这些文物原放在公社人民法厅几间临街房间内，后来法厅派犯人打扫卫生时，那些雕砖作为垃圾，可能被扔到大粪坑里了。

得悉这一重要线索后，刘东亚先生即刻到那儿查看，那个粪坑早已填成平地，刘东亚先生决定进行第二次发掘。公社派些民工由刘东亚先生指挥，方法就是把粪坑里的粪翻个底朝天，将挖出来的粪土一筐筐地进行筛选，不得遗漏。当挖到第三天时，雕砖终于露面了。经过七天的发掘清理，终于使失去的雕砖重见天日。这些杂剧雕砖上的艺人都是有名有姓的，和古书上相印证，对研究宋代戏曲是不可多得的珍贵实物资料，刘东亚先生可谓是功不可没。

第二节　河南考古界的"三套马车"

在 20 世纪 50 年代，河南考古界有三位领军人物，被同人公认为是"三套马车"。第一套马车说的就是安金槐（1921—2001）先生。

安金槐先生，河南省登封市人，著名考古学家，毕业于河南

著名考古学家安金槐

大学。1952 年进入由文化部、中国科学院考古研究所和北京大学共同举办的全国第一届考古工作人员训练

班学习。此后，他长期担任河南省文物工作队副队长和河南省文物考古研究所所长、名誉所长、研究员，并历任河南省政协第五届委员、全国政协第六届和第七届委员、中国考古学会常务理事、中国古陶瓷研究会副会长、河南省文物考古学会名誉会长、河南省文物局考古专家组组长等职。

20 世纪 50 年代初，安金槐先生主持郑州商代遗址的发掘工作。1954 年他编写了《郑州二里岗》一书，完成了郑州商代二里岗文化的考古学分期。1961 年，他发表了《试论郑州商代城址——隞都》的论文，后来又在城内发现了宫殿遗址。郑州商城的发现开创了商代考古的新局面，而二里岗商文化的发掘研究，成为商代考古学研究上的一座里程碑。

安金槐先生在其 50 余年的考古生涯中，以严谨求实的学风和吃苦耐劳、勤恳钻研的精神，走遍了中原大地的山山水水，在田野考古调查、发掘和考古与历史研究方面取得了许多重要的、具有广泛影响的成就，对我国文物考古事业的进步，对河南省文物考古事业的发展作出了积极贡献。

安金槐先生曾先后主持发掘了泌阳板桥水库、郑州商城、郑韩故城、淅川下王岗、洛阳含嘉仓、登封双庙沟、登封王城岗与阳城、密县打虎亭汉墓、南阳杨官寺汉墓等数十处大型古遗址、古墓葬，还主持参加了密县和登封古瓷窑址、丹江库区、颍河上游等许多地方的考古调查。他所取得的学术成就是多方面的，尤其以郑州商城遗址的发现与隞都说的提出、原始瓷器起源于商代说、登封王城岗的发掘与夏文化探索等工作为代表，因此他也被称为"河南考古第一人"。

第二套马车的领军人物指的是蒋若是先生，1921 年 4 月出生在今安徽萧县。1948 年齐鲁大学文史系肄业，1950 年任该系助教，继而调到河南省文物保护管理委员会工作。

著名考古学家蒋若是

1952 年进入由文化部、中国科学院考古研究所和北京大学共同举办的全国第一届考古工作人员训练班学习。

此后，他先后参加或主持过洛阳烧沟汉墓、洛阳中州路东二段、洛阳西晋墓、洛阳涧西区、洛阳孙旗屯遗址的田野考古发掘，有许多重大的考古发现。

他主持编写的《洛阳烧沟汉墓》考古报告，把225座两汉墓葬分为六期，为中原地区的汉墓建立了一个基本的年代序列，被中外考古学界称为中国"汉墓编年学研究的第一部著作"，成为汉代考古的奠基之作，至今仍是全国汉墓研究的标尺和经典。他将考古学方法应用于古钱币研究领域，主编了《中国钱币大辞典·秦汉编》，出版了《秦汉钱币研究》一书。他还曾多次荣获中国钱币学会最高学术奖"金泉奖"，在学术界很有影响。1954—1955年，通过对洛阳孙旗屯新石器时代遗址地层叠压关系和器物类型的排比分析，他率先识别出仰韶文化与龙山文化的传承关系。他对洛阳西晋墓的发掘研究，第一次从考古学的角度，揭示了短暂西晋时期的物质文化面貌。

第三套马车的领军人物是许顺湛先生（1928—2017），享年89岁。

许顺湛先生，山西芮城人，著名考古学家，全国劳动模范。中华人民共和国成立初期，因酷爱文学创作，他被组织安排到陕州专区文工团写剧本。他虽然没有接受过正规的学校教育，不具备扎实的文学功底，但凭着那股不甘落后的拼劲和锲而不舍的精神，刻苦钻研，成为全团写剧本最快也是较多的一个。他是从全省各地挑选出的唯一一位到中南区文化部进修的创作干部。他创作的小剧《七寸步犁》，还被当时省文联创办的《翻身文艺》杂志刊登。

著名考古学家、全国劳动模范许顺湛

1952 年，许顺湛调入河南省文物保护管理委员会工作。1953 年 8 月，许顺湛赴北京大学参加第二届中央考古工作人员训练班学习。由当时的知名学者夏鼐、苏秉琦等先生授课，引导他步入了一个新的知识领域。他深深地被考古学这门新兴的学科所吸引，从而也激发了他加深了解祖国灿烂文化的兴趣。

　　许先生曾深有感触地说，他在训练班系统地掌握了考古学的理论和方法，以后的文博工作实践和科学研究无不得益于这段时间的学习。后来，他作为河南省文物工作队队长，一方面带领队员下田野，组织文物调查和发掘，一方面坚持自学，浏览大量的历史考古书籍。1956年，他有感而发，一气呵成写出了《对〈夏代商代的奴隶制〉一文的意见》的学术论文，很快被当时最具权威性的刊物《历史研究》采用，同年被《历史研究论丛》转载。这篇处女作一炮打响，成为他打开神秘古代文化之门的一块敲门砖，自此一发而不可收。

　　许先生治学的一个最大特点就是不惧权威，勇于创新。这一点在对仰韶文化社会性质的讨论中，得到了充分体现。仰韶文化是最早在河南渑池县发现的一种新石器时代文化。关于它的性质，在20世纪50年代学术界普遍认为是繁荣的母系氏族社会，这种观点后来被称为仰韶文化母系说。到了60年代初，许先生对中原新石器时代文化的有关资料进行了检验，在《文物》杂志1960年第五期发表了《关于中原新时期时代文化的几个问题》一文，以其特有的学术胆识，独树一帜，提出了三个不同凡响的观点：中原龙山文化源于仰韶文化，仰韶文化为父系氏族社会，二里头下层文化为夏文化。这篇文章在今天看来并没有什么特别之处，然而在当时考古资料缺乏，研究欠深入的学术背景下，无疑是具有独创性的。因而他也就成了较早提出中原龙山文化源于仰韶文化的学者，也是第一个提出仰韶文化为父系氏族社会、二里头文化为夏文化的人，前一观点后来被称为仰韶文化父系说。然而这篇文章在当时并没有在学术界引起足够的重视。

1962年许先生再次发表《仰韶时期已进入父系氏族社会》一文，高高举起父系说的大旗，与母系说展开了学术辩论。遗憾的是由于父系说曲高和寡，这场争论还没有真正地展开，便在一片反对声中偃旗息鼓了。

在经历了知识被洗劫、学术遭践踏的"文化大革命"之后，许先生在前段讨论的基础上，进一步充实材料，1979年发表了《再论仰韶文化社会性质》一文，重申仰韶文化父系说的观点，用第一个支持许先生父系说的黄崇岳先生的话来讲，"许顺湛同志又东山再起"了。由于考古材料不断充实，学术争鸣的气氛越来越浓，所以这场重新开始的论战大大不同于 60 年代初期，持仰韶文化父系说者日渐增多。黄崇岳、吴汝祚、刘式今、洛阳市博物馆西高崖发掘组、王仁湘、巩启明等纷纷著文，从不同角度来论证仰韶文化已进入父系氏族社会，或仰韶文化中晚期已进入父系氏族社会。

1985 年，在河南渑池召开的纪念仰韶村遗址发现 65 周年学术讨论会，是对多年来仰韶文化研究成果的一次检阅和总结。全国各地的学者汇集在一起，把父系说与母系说的论战推向了高潮。也正是在这次会议以后，仰韶文化母系说一统天下的格局被彻底打破，父系说开始受到大多数学者的认同和支持。许先生作为这场辩论的主角，无论是其在学术上的建树还是所表现出的执着精神，都是值得我们敬佩的。

虽然许顺湛先生历任省文物队队长、省博物馆馆长、名誉馆长等职，长期处在领导岗位上，但丝毫没有影响他的治学。据粗略统计，他先后出版有《灿烂的郑州商代文化》《商代社会经济基础初探》《中原远古文化》《黄河文明的曙光》《史海荡舟》《许顺湛考古论文集》等七部专著，发表学术论文 80 多篇。

2017 年 5 月 28 日，著名考古学家、全国劳动模范、河南省博物馆馆长许顺湛先生因病逝世，享年89 岁。

"三套马车"的领军人物是按照我结识的先后顺序排列的：第一套马车的领军人物安金槐，1951 年 1 月份我去省文管会报到时，单位共七个人，其中就有安金槐先生。第二套马车的领军人物蒋若是，1951 年初他来省文管会报到时，丁俏泉在他之前已经来了。第三套马车的领军人物许顺湛，他是全省文工团整编时调入省文管会，他调来时省文管会已从开封市的三圣前街省博物馆搬迁到刷绒街省图书馆后院办公。这"三套马车"的领军人物都是中华人民共和国成立初期中央举办的全国考古人员训练班培养出来的学员，他们对河南考古事业都作出了毕生的贡献。

第二章　白万玉先生的故事

第一节　初始白老师

1953 年，河南省文物保护管理委员会举办的第一届文物培训班壮大了文物干部队伍。中华人民共和国成立初期基本建设大规模展开，为了配合基本建设，文管会的文物干部也都派出去了。

有一天下午，赵全畈秘书把我叫到他的办公室，让我坐下，和颜悦色地说："小鬼，你进文管会是比较早的，算是元老啦！你不能当一辈子通信员呀！朱德总司令长征骑的骡子，长征结束革命胜利了，那匹骡子还是一匹骡子。我的意思你也得下去锻炼，学着搞业务。"

我站起来高兴地说："好啊！我听从领导的安排。"

赵秘书说："待会儿你去找张超人，让她给你开个介绍信去洛阳考古组，详细情况她会告诉你的。"

第二天我背着行李拿着介绍信就出发了，说实话我平生第一次出开封市，也是第一次坐火车。当天下午我到了洛阳，我按着张超人同志给我的地址，边走边问，离火车站不太远的一条南北街路东有个邮政局，邮政局对门往西就是丁家街，丁家街东头3号路北是座教堂，洛阳文物组就设在教堂院内。

我走进院内，有个年轻同志把我领到后院西屋，进门后他说："张主任，开封又来了一位小同志。"

那位张主任接过我递上的介绍信看了一眼说："先把行李放下，休息一下。"又对那年轻同志说："小陈，待会儿你到西院给这个小同志安排住下，晚饭时你再领他到灶上就餐。"

后来听说那位张主任是洛阳专署派来的临时领导，他不管业务，只管一般行政事务。第二天吃过早饭，张主任领我到后院往东出小门的一所大房间——文物修复室。有位高个、上了年纪的先生迎上来说："张主任稀客，请坐，请坐。"

张主任指了指他身边的我说："白先生，不客气，昨天省里又派来一位小同志，我和其他同志研究，他年纪太小，派他到田野不太合适，让他先跟着您学习修复文物比较合适，平时帮助干点儿杂活。"

白先生上下打量我一番说："看这孩子怪聪明的，行呀，把他留下吧。"

张主任拍着我的肩膀说："快喊白老师！"

我随即上前一步、鞠一躬，喊了声："白老师！"

白先生招招手，从此，我就跟着白先生做事，也听到了很多关于他的故事。

第二节　白万玉：走上考古之路

白万玉先生（1899—1970），字蕴山，享年71岁。河北省宣化庞家堡汤池口村人。祖上随清兵入关，立功，康熙帝封他的祖上为"八督之官"。八督者，管辖八县。清政府为表彰其功绩，在他家立有旗杆座，号称旗杆院。

白万玉先生晚年像

白老师家那一带到处是崎岖的山路，山上裸露着红褐色的山石，再配上点点的绿草、野菜、山花，和毗邻的炊烟袅袅的村庄相辉映，一派农家特有的风光。

别说百年之前，就在科学技术以及交通飞速发展的今天，这里仍然交通不便。要想来到这个村庄，从宣化出发开车约一个小时。刚开始时一马平川，先经白庙，再过赵川，没有一会儿，又开始爬山，左绕右拐，云里雾中，放眼望去，一切都在脚下，山道周围全用石礅做护栏，以保安全。因山路陡峭，开车非万分小心不可。宣化与汤池口村相距不远，但必经一段险途，当地人早已习惯，在公路开通以前，人们进出村庄全凭双脚，或借助马、驴、骡才行。

白万玉在家排行第五，1899 年阴历八月十三出生，1915 年 16 岁的他还不能算家中的主要劳动力，他上面有大哥和三哥，早已娶妻生子，两个姐姐也已出嫁，家中的一些零散杂活，比如打柴、放牛、喂猪就由他来承担。"穷人的孩子早当家"，农家子弟，帮大人干活，养家糊口之余也练就了一身强健的体魄，以及无论走多远的路也不觉得累的铁脚板。

1915 年一个盛夏的早晨，这是一个再普通不过的早晨，但对于白万玉来说，却是一个非同寻常的早晨。他做梦也没想到，幸运之神在向他招手，并把他招到远方——一个未知的世界。说来也怪，这天早晨白万玉特别高兴，16 岁的他吃过早饭和两个小伙伴一块儿上山砍柴,一路上有说有笑,好像有什么喜事在等着他们。

他们砍完柴,走在回家的路上,虽然累了、渴了,却十分高兴,连说带乐,阵阵笑声在山谷中回荡。忽然一人吃惊地用手捅捅身边的白万玉说:"你们看啊,后面怎么是两匹马在抬着一个轿子?"咦?真的。三个人被眼前的景象吸引住了,从来没见过这阵势,于是停住了脚步,想看个究竟。

慢慢地,这队人马离他们三人越来越近。原来这叫驮轿,此轿比一般轿大,轿内备有寝具,曾被北京昌平一带的镖局广泛使用。这种工具在城里穿小胡同可不行,因为它身子太长,不易调头,所以只在郊外流行,城内少见。资料记载,1900 年,八国联军侵华,京师沦陷,慈禧太后和光绪帝被迫流亡,就是乘坐驮轿前往西安的。在交通不方便的地方,只有尊贵的人方可乘坐此轿。

当乘坐驮轿的人从轿子里下来的时候,把白老师他们吓了一跳。"嗯?怎么和我们长得不一样?大鼻子、蓝眼睛,还叽里呱啦地说着让人听不懂的话?"

是啊,别说 20 世纪初了,就是 20 世纪 80 年代乃至 90 年代，在首都北京繁华的王府井大街上，外国人还被围观呢。尤其这里还是一个与外界少有交流的闭塞的穷山村。

那个外国人虽然说话让人听不懂，但是从他的眼神中透出了和善。他笑眯眯地看着眼前这三个孩子，一边说着什么，一边轻轻地拍着他们的肩膀。旁边有一个会说中国话的人给他们讲："这位先生问你们叫什么？多大了？背这么多的东西累不累？"这三个孩子毕竟没见过

瑞典地质学专家、博士安特生

什么大世面，有些不知所措，不敢回答，躲来躲去，还有点儿难为情。

白万玉胆子大一点儿，慢慢和他们交谈起来。与其他两个小伙伴相比，白万玉长得高大健壮，浓眉大眼，眉宇间透着一股机灵劲儿，从一开始就给他们留下了好感。这位和蔼的外国人就是大名鼎鼎的瑞典考古学家——安特生。第一次乡间小路的见面，聪明伶俐的白万玉就给安特生留下了深刻的印象。

这一行人就是要到白万玉家附近的地方，去查看

那里的地形和考察勘测矿藏情况，于是这小哥儿仨背上柴火与安特生同行。

安特生索性也不坐轿了，带着翻译与三个孩子边走边聊。孩子嘛，一会儿就熟了，别看他们刚开始胆小，后来话就多了起来。当安特生问白万玉住在什么地方时，一个同伴马上答："他们家可排场呢！是个旗杆院，门口还有上下马石呢。"

即使通过翻译，安特生还是不太懂什么叫旗杆院、上下马石，说以后有机会一定得到白家去看看。说着，走着，安特生一行人走到了路口，临别时，安特生学着小孩的模样做了一个鬼脸，显示外国式的幽默，一下子又拉近了他们之间的距离。

虽然安特生走了，但是他的脑海中留下了印记：汤池口村、旗杆院、上下马石和那个聪明伶俐的男孩——白万玉。

白万玉和安特生巧遇之后一个多月，又是一天上午，吃过早饭后，邻居家有好几个孩子"加盟"到放羊队伍中，因为孩子们的本性就是喜欢凑热闹一起玩儿，大家高高兴兴地出发了。

孩子们在山坡上放羊，跑着、跳着，抬头忽然发现了远处一些人正朝他们的方向走来，在不远处停下，其中几个高大的身躯格外显眼。他们竖起一个三角支起的架子，半蹲半弯腰地在向远处瞄着什么，好生奇怪。强烈的好奇心促使这几个小孩来到了这些人的身旁，真是无巧不成书，竟然是安特生他们。

孩子们当时都不懂，安特生他们在这里做的就是勘察地形和测量工作。安特生一下子就认出了白万玉，白万玉也认出了安特生，两个人像老朋友一样比比画画地聊起来，还聊得很投机。

这几个孩子来得正好，安特生此时正需要几个帮手，帮他们挥挥旗、抬抬仪器啥的。这里崎岖的山路对于安特生他们这些出门便坐车的人来说，颇感吃力，再抬些仪器就更觉费劲。白万玉他们是山区长大的，爬山走路，轻巧敏捷，抬东西十分积极，让安特生很省事，也很是喜欢。

不知不觉中，他们来到离白万玉家不远的村边，白万玉说："我快到家了，您到我家坐会儿吧！"周围的小伙伴也附和着说："他家可大了！"由于"旗杆院、上下马石"等概念在安特生的脑海中挥之不去，也为了不辜负孩子们的盛情邀请，他决定第二天到白万玉家来看看，并嘱咐他要和父母先打声招呼。

"都到门口了，为什么不进家呢?"白万玉不懂。其实，这是因为瑞典人的观念认为，如果事先未和主人约好，就直接去拜访是不礼貌的，因此安特生推迟到第二天再到白万玉家拜访。

第二天一早，白万玉就到山冈上等着安特生一行的到来。过了一会儿，安特生等人如约来到山坡上。此时白万玉与安特生已经熟稔起来，虽然语言不通，但一抬手、一投足便能知情达意。白万玉跑前跑后忙活着，一会儿举旗，一会儿移杆。虽然累得满头大汗，但当安特生问他累不累时，他却憨厚地笑着回答："一点儿都不累。"

看着白万玉健壮的体魄、朴实的面庞、诚恳的态度，这不正是他要找的帮手吗? 由于安特生在工作中深感人手缺乏，特别需要在当地物色几个年轻力壮、有悟性又聪明的小助手。再看看和白万玉一起的小伙伴，也都憨厚朴实，颇有灵气。他决定测测这些孩子的体能，全方位考查一下他们，然后择优录用。于是，他让工作人员在地势较高的地方插一面旗子，让十几个孩子比赛，看谁能第一个拔下旗子。

比赛开始后，白万玉不费吹灰之力就拔得头筹。安特生高兴地拍了拍他的肩膀，用蹩脚的中文说出六个字："你真棒！好样的！"被夸奖的白万玉有点儿受宠若惊，像害羞的小姑娘，不好意思地笑了。

经过深思熟虑之后，安特生问白万玉："喜欢不喜欢干这工作？今后愿不愿意跟我干？带你离开家乡行不行？你父母能同意吗？"对于这些突如其来的问题，白万玉一下蒙了，有些不知所措。

白万玉是山沟里长大的，最远也就是随哥哥们到庞家堡镇办点儿事情，很少出远门，外面的世界是什么样，从未见过，也没多想过，当时他毕竟还是个16岁的孩子。尽管家里的孩子多，但由于在男孩中最小，所以他是父母眼中的宝贝。对于安特生提出的问题，白万玉不敢擅自做主，只能回答："我得问问我爹、我娘。"

午后时分，安特生一行由白万玉陪着如约来到村口，准备去拜访他家。安特生的到来如同天大号外一般，在小小的山村引起轰动，大人小孩里三层外三层把他围了个水泄不通，热情似火的中国人让安特生十分感动，他频频向大家招手，报以礼貌的微笑。白万玉家离村口不远，地势较高。当安特生被众村民簇拥着来到白万玉家门口时，他仔细地观看旗杆座、门匾和上下马石，对中国民宅的古朴赞赏有加。

热情的主人把安特生他们让进院门，院子里干净整齐，尤其是鹅卵石拼出的花纹地面，让安特生惊叹不已。他禁不住赞道："太漂亮了！"随后白家人又端上刚从葡萄架上摘下的晶莹剔透的牛奶葡萄请他品尝，美味的水果令客人赞不绝口。

白万玉家乡属宣化地区，宣化白牛奶葡萄可谓名噪古今，味道清甜可口，百吃不腻，明清时期被列为皇家贡品，在1909年还获得过巴拿马"万国物产博览会"荣誉奖。它为历代君王显贵、文人墨客所称道。曾有诗赞曰："帝王不晓凡鲜果，王母只知蟠桃鲜。葡萄王国游历遍，方知宣化牛奶甜。"

语言的障碍并没有影响主客的交流，对于这几位"海外"来客，让不曾见过这一阵势的朴实农民略感局促，话语不多，就是一个劲儿地让客人喝水、吃水果，倒是白万玉落落大方，语话自然，深得安特生的喜爱。

谈话之间，安特生特意表示要带白万玉到外面工作，给自己做助手，想听听两位老人的意见。白万玉的父母你看看我，我瞅瞅你，不知如何是好。最后还是白万玉的父亲白老先生有主见，他通过翻译告诉安特生："这个问题太突然，我们没有思想准备，容我们想想，明天给你答复。"

安特生对白老先生的回答表示理解，又闲聊了一会儿，最后和他们握手道别。这朴实的庄户人家给安特生留下了良好印象，更坚定了要让白万玉做助手的想法。

看热闹的人很多，外国人想带白万玉到外面去的消息不胫而走，村里的老老少少无人不知，议论纷纷。这一宿白万玉全家人几乎没睡，老太太不停落泪，一万个舍不得，而白老先生则表示同意，一锤定音："全家这么多人，上面还有两个儿子，有一个到外面去闯一闯，也许是件好事。"

白老先生又回头来征求白万玉的意见："你说说，你自己愿不愿意去？"

白万玉毫不犹豫地用三个字爽快地做了回答："我愿意!"

"既然这样，就让他去吧。"白老先生代表全家作出最后的决定。

这一意外机缘使白老师从此踏上了充满艰辛和魅力的考古之路。

安特生的到来，让村里的人更是对白家产生敬仰之情："你看看，人家白家还是要出人，都是农家娃，一样放羊，一样砍柴，怎么人家老五就能招来外国人？"是啊，莫非这一切都是命运使然？

白老师回忆说，自离开家乡后，他一直跟随在安特生身边，做一些辅助工作，最先还是在周围矿山上测量勘察，抬抬工具，背背矿样等杂活。但不久，情况发生了变化。

第三节　安特生的得力助手

20 世纪初，中国北洋政府做出了一项在今天看来仍不失为明智之举的决定，聘一位外国专家摸清国内矿产资源，尤其煤炭和铁矿的分布情况。出人意料的是，中国政府宣布，不从英、美、法、德、意、日、俄等西方大国中选择专家顾问，而是选择瑞典的专家安特生来担当此职。这一决策是采纳了当时中国地质调查所丁文江所长建议的结果。丁文江推荐安特生的理由是：与其他怀有帝国主义侵略野心的西方列强不同，选择中立国家瑞典较为安全。这一建议被当时的中国政府采纳。安特生一行人到白万玉家乡就是来探矿的。他们在龙关、庞家堡、烟筒山勘察，发现宣龙式赤铁矿床。

卓宏谋先生主编的《龙烟铁矿之调查》一书中称：龙烟铁矿矿层之厚，矿质之佳，足为世界太古纪以后，水成铁矿中之罕见者，且水成铁矿之属元古界者，推龙烟为首创。而肾状矿与鲕状矿并生，亦为其他铁矿所未有。

依托此处矿脉，北洋政府建立了华北地区最重要的钢铁基地——龙烟铁矿股份分公司。它是现在的宣化钢铁集团有限责任公司的前身，也是首钢的前身。

这期间，安特生对龙烟铁矿进行了认真细致的考察与勘测，收到了很大的成效。本来工作进展很顺利，但由于地质考察研究经费不足，不得不停下来。

安特生和当时地理测绘研究所所长丁文江先生随即调整了工作重心，转而进行对古生物化石的大规模收集整理工作，同时这一工作也得到了中华民国农商部以及瑞典政府的支持。于是，安特生的考古生涯由此拉开帷幕，一直伴随安特生左右的白万玉老师从此也与考古结缘。

白万玉随安特生来到北京，并和他一起赴各地考察，如辽宁、山西、河南等地，工作重心也由探矿找煤，逐渐转向收集各种古生物化石，白万玉逐渐成为一名熟练的采集员。

考古是一项艰苦的工作，为了找寻古迹，发掘文物，必然是露天工作，不可能在室内工作，风餐露宿是家常便饭，经常是迎着风沙、顶着烈日、冒着严寒，游走于天地之间，在广袤的大地上孜孜不倦地工作着，真可谓走南闯北，与大地做伴，以四海为家。

1921年，白万玉老师经过几年的实践，已得到安特生的充分信任。安特生有时会有意识地让他单独工作，以便积累经验，增长才干。当然，一般情况下还是带着他一起工作。他们之间已经很熟悉了，甚至互为知己，彼此十分默契。有安特生的地方，白万玉基本都会出现。

安特生发现周口店遗址时，白万玉便在其左右，是安特生的得力助手。时势造就了白老师，使他与这块圣地结缘，从而有幸成为我国考古史上这一重大事件的参与者。

　　著名考古专家、天水市民间文艺家协会主席刘大有先生在《安特生评传》一书中对发掘周口店遗址有如下生动的描述：

　　北京西南房山县周口店，有一处藏有古动物化石的山丘洞穴，当地人称龙骨山，距北京市区48公里。1918年2月，安特生经在京任教的瑞典化学家麦格雷格介绍，首次在周口店洞穴中发现了一些古生物化石（两个啮齿类和一种肉食类动物化石）。1921年与奥地利古生物学家师丹斯基在此发掘，又经当地群众介绍找到丰富的猪下颌骨等化石的出土点——老牛沟。安特生在第一化石点见到可以切割带刃的石英碎片，他凭经验对师丹斯基说："我有一种预感，他们的遗体就躺在这里，现在唯一的问题就是找到它们。"但是几经发掘，就在咫尺的"北京人"好像不愿露面，而且更有意思的是1926年他回国整理寄去的化石又经乌普萨拉大学教授韦满研究，才发现早于此采集到两枚"北京人"牙齿化石，真是现实同他开了一个大玩笑。同年10月22日，安特生陪瑞典王储访华，在北平学术团体大会上，他才郑重向全世界公布了这一重大发现的消息，由此引起注目。以后才专项挖掘，安氏骑驴、住庙，多次发掘，才拉开了发现"中国猿人"化石的序幕。

1918年10月，安特生到河南西部做地质考察，他意外地发现，这里竟然有他很多"老乡"。原来当时豫西的基督教组织叫作"瑞华内地会"，主要由瑞典传教士主持，安特生与洛阳新安县的瑞典籍传教士佩特松联系上，在新安县落下脚。不久，从佩特松那里，他得知邻近的渑池县北部发现过"龙骨"，于是起程赶往渑池。

虽然安特生手里拿着他的身份证明和中国政府的介绍信，但渑池县知事胡毓藩接待他时，却因语言障碍无法沟通，于是叫来了这个县的瑞典传教士史天泽。此人1904年到渑池传教，能讲一口流利的当地话。"老乡见老乡，两眼泪汪汪"，两人相见，分外亲切。于是安特生就在史天泽的福音堂住了下来。

在渑池县政府和史天泽的帮助下，安特生在渑池县北部发现了一些化石。遗憾的是，安特生采集化石的地点就在仰韶村的附近。这个名扬世界的仰韶村，是因为这个地方有座韶山，因站在村中抬头就是韶山，这个村子便被叫作仰韶村。

湖南韶山举世闻名，却很少有人知道，在河南西部渑池县也有座韶山。与地处湘中丘陵区的韶山相比，黄河岸边的这座韶山更加高大巍峨，气势磅礴。这座山由大小35个山峰连成一体，远远望去，重峦叠嶂，很是壮观。据说其主峰海拔1460多米，与嵩山不相上下，比另一座韶山高出近千米。

有趣的是，这两座相隔千里的山，不仅名字同音同字，而且名字使用的历史都十分悠久，得名的缘由也惊人相似。按照各自地方志记载，两座韶山都曾经是舜帝演奏韶乐的地方，也都是为纪念4000年前的音乐盛会而得名。韶乐叫"大韶"，又称箫韶、韶虞等，是上古时期最为著名的乐章之一，相传是舜帝所创，由九段组成，有道是"箫韶九成，凤凰来仪"，音乐效果不同凡响。渑池县文化局局长陈留成先生曾解释过："韶"是美好的意思。当年孔子曾经听过韶乐的演奏，那美妙的音乐，让孔圣人"三月不知肉味"，并脱口夸赞道："韶尽美矣，又尽善也。"

相传舜帝南巡途中，两度演奏韶乐，留下了两座韶山。斗转星移，数千年过去后，两座韶山脚下，出现两个名扬世界的村庄：湖南韶山下，是著名的韶山冲；河南韶山下，是著名的仰韶村。

20世纪20年代初，在仰韶村，安特生发现了新石器时代的遗址，这是中国发现的第一个史前村落遗址。仰韶遗址的发现是革命性的，安特生拉开了时间的大幕，打开了一扇大门，一扇通往中国远古时代的大门，让中国远古时期的生活画卷，第一次通过史籍记载以外的门径呈现在了人们的面前。中国新石器时代考古由此发端，中国田野考古也由此发端。

安特生对仰韶遗址有很大的热情，感觉这里的潜力巨大。于是他放下周口店，把精力转移到对中国新石器采集和研究方面。经当时的中国政府批准，安特生开始着手安排仰韶村发掘事宜。在人力、物力、技术上进行了充分准备后，1921年10月，安特生再次回到仰韶村。这次仰韶遗址发掘是中国首次进行的科学发掘，参与者都是非同一般的人员。随同安特生一起来的有刚从美国归来的中国考古学家袁复礼，中国地质调查所的工作人员刘长山、陈德广、白万玉等。后来以发现和研究周口店"北京人"闻名的外国学者师丹斯基和步达生也随同前来，短暂地参加了这次从1921年10月27日开始，于12月1日结束的发掘，历时35天。

仰韶村发掘后期赶上严寒到来，风雪封锁了小小的村庄，但发掘工作始终没有停止。安特生将一顶帐篷搭在发掘工地边，里边支着一张行军床，作为临时工作间，在里面做发掘记录。

经探测，这个遗址东西宽400多米，南北长约960米，总面积30多万平方米。与当时欧洲发现的一些石器时代遗址相比，安特生认为这个遗址无疑是那个时代一个极大的村落。事实上，在后来发现的5000多个仰韶文化遗址中，面积超过仰韶村遗址的，也为数甚少。

安特生根据文化层的裸露情况进一步发掘，这里的石器和陶片极多，说明手工工艺非常发达。与欧洲同期相比，所有重要的器物在仰韶村都有发现，有石斧、石刀、石镞、石纺轮、骨镞，以及石镯、骨针等。根据出土的文物，安特生判断，当时已有农业、手工纺织业及家畜饲养。后来的发现更是证明，仰韶时期的农业文明其实已经相当发达。

这次发掘的文物引起了世界范围的注意。曾经影响广泛的"中国无石器时代"理论不攻自破。在中国国内，这次发掘造成的震惊更为强烈，仰韶村出土的陶片复原后，人们惊奇地发现，那模样竟然与周代文献记载的青铜鼎、青铜鬲极其相像，毫无疑问，这种原始文化，正是华夏文明的前身。

尘封的史前文化，穿过数千年的时光，呈现在小小的仰韶村。几乎所有的中国历史学家都认识到，田野考古将是研究中国古代文化的重要途径。1928年，傅斯年出任中央研究院历史语言研究所代理所长时提出："上穷碧落下黄泉，动手动脚找东西。"此话一时传遍全国，中国的考古事业开始走向繁荣。

正是安特生到仰韶村从事科学发掘，才揭开了现代中国史前考古学的序幕。仰韶遗址的发现不仅轰动了中瑞两国，而且也轰动了世界学术界。瑞典哥德堡大学教授、校长高本汉评价安特生先生说："他是一位中国考古学的创世纪的拓荒者。"从此，中国教科书增补了更加悠久的新石器时代的文化。这次的发现起到了重要的创史作用，使当时一些国外学者以为"中国无石器时代"的论断不攻自破。

第四节 天水纪行

1924 年夏末，安特生结束了甘肃省洮河流域的发掘，他考察了方圆不到百余里之内的马家窑、半山、齐家、辛店、寺洼等史前遗址。原本他们乘兴而来、尽兴而归，可以打道回府了。

但也许是时间和资金还有点儿剩余，所以安特生除了在黄河、湟水、洮河三大河谷发掘史前遗址，还想要进入河西走廊，在东西方交通要道上有所发现。再者，安特生在兰州远闻渭河河谷、天水一带的史前文化发达，所以决定再做拼搏，让考察队做补充性的发掘以获得更大成果。

于是，安特生让袁复礼去甘肃天祝县臭牛沟发掘古生物化石，庄玉成则去青海马场垣发掘，让白万玉到诞生过伏羲的渭水流域的天水考察。安特生自己则翻越乌鞘岭，去河西走廊东端的甘肃省民勤县沙井子等遗址进行考察。

那时 24 岁的白万玉年富力强，已有随安特生发掘辽宁沙锅屯、河南仰韶、甘青一带众多遗址的经验。他骑马到天水，350 多公里路，要走四五天的时间。天水军阀孔繁锦将外地信一律拆封，眼看后才盖上"验讫"大印，生怕外来的人带来进步思想传到当地，动摇他的统治，好在白万玉持有省府开的证明，才未被阻挠。

一路行来，白万玉在天水七里墩发现这里的史前遗址多属齐家文化。当他到罗玉沟烟铺村遗址时，发现各种刻画纹片、彩陶片，各种石骨器、住地窑址，使他确认这里是典型的仰韶文化遗址。

白万玉受安特生言传身教，在旅行住宿中打听到天水南部的礼县也有这样的遗址遗物，遂决定前往。甘青地区几乎县县有不同的方言，乡下把父亲叫"大大"，此为羌氏古语。礼县说行不行叫"试试"，好不好叫"喘的"。礼县的土话白万玉大多听不懂。

从天水骑马到礼县，起早贪黑两天可以到达。那时路途常有强盗出没，根本没有汽车、电话。这位一口京腔的青年考古工作者为了安全，与旅行者结伴同行。好在孔繁锦利用甘肃地震救灾款，以工代赈，修通了从天水到礼县的简易马路，才不至于难行。

白万玉已经感受过塞外河湟、洮河流域的风采，此时感受又不一般。陇上文化名区要比河湟之地先进一些。乡下人纯朴好客，穿着麻布衫，吃着发酵的酸菜、锅盔。老乡家中沿用一些石器、石碌碡、石杆臼，以及大量的陶器和编织品，乡间照用陶轮拧麻线。

史前时代，此地气候温润，物产富饶，因而遍布黄河渭水流域的各期史前文化，在此都有遗址出处，甚至出现过龙山文化蛋壳黑陶，还有商周先秦文化西来的踪迹。本地还是羌、氐、西戎的聚居地。

几经打听采访，白万玉在县东15公里处的石桥镇的白蛇坡发现一处较大的仰韶文化遗址。甘肃六期史前文化，除马厂期、辛店期、沙井期外，齐家期、仰韶期（半山、马家窑）、寺洼期都有发现。有一件水鸟纹马家窑期彩陶瓶，现被远东博物馆收藏（参见赵秋莉《原始彩陶画韵》）。

但在考察途中，白万玉忽略了更为丰富更早期的高寺头遗址，23年后被史前考古学家裴文中发现。大概由于时间安排有限，又单身一人，不便久停，所以白万玉在天水发现以上三处史前遗址后，未能考察耤河两岸接连的史前遗址。

白万玉1924年受安特生委派到天水礼县考察这件

事，早被大多数人遗忘了，也常被地方志文献漏载。唯有巩启明先生依据安特生著作，在《仰韶文化》一书提及此事。此处，我再次提起"白万玉天水纪行"这件事，源于我 1953 年初在河南洛阳跟白先生学习出土文物修复。常言道"一日为师，终身为父"，谨此纪念恩师白万玉。

第五节 参加中瑞西北科学考察团

由于白万玉得到安特生的赞许和推荐，所以瑞典探险家斯文·赫定也很信任他。于是在 1927 年的中瑞西北科学考察团组团时，白万玉被选中，成为该团的一员，参与了对中瑞两国意义重大的考察活动。斯文·赫定的高度信任使白万玉信心倍增，干劲儿十足。

中瑞西北科学考察团肩负着重要使命，奔赴内蒙古、新疆等地考察。这次考察路途遥远，困难重重，但大家顶风雪、冒严寒、忍饥饿，坚持进行考察工作。他们在茫茫戈壁沙漠中克服了常人难以想象的困难，以坚韧不拔的精神兢兢业业地工作着，终于在气象学、地理学、地质古生物学、植物学、考古学及人类学等众多学科领域取得了一系列重要的科学成果。

这次探险、考察活动和斯文·赫定是分不开的。他对探险的挚爱与执着使他在这一领域硕果累累。他在中国的探险、考察中获得佳绩令人瞩目，更使他"深陷"其中，欲罢不能，直到老年仍津津乐道。他将探险视为人生最大的乐趣。

　　斯文·赫定曾五次来中国西部探险，对神秘的东方古国情有独钟。百年前，西方人千里迢迢来亚洲寻找机会，有的传教、有的经商，而斯文·赫定另辟蹊径，走的是一条人迹罕至却可能有重大收获甚至意外收获的道路。他早年在伊朗、克什米尔考察，后于1895年首次到喀什考察。30多岁的他独身一人穿越号称"进得去出不来的死亡之地"——世界第二大沙漠、新疆塔克拉玛干大沙漠；1899—1902年他第二次来华考察发现了楼兰古国的遗址，通过一些汉简等遗物推断结论；后又接连两次考察，都引起了轰动，各国探险队闻风而至，掀起不小波澜；他又于1905—1908年在罗布泊的考察中发现了一些石器。在探险中曾经因断水，险些渴死，侥幸捡回一条命……

　　西方这些所谓的科学家、探险家或传教士、旅游者常在中国各地以"考察探险"之名，极尽哄抢劫掠之实，肆意搜罗发掘乃至盗抢科学资料、历史文物，满载而去。有个别民族败类为蝇头小利，内外勾结，大肆盗取。敦煌文物的大量流失，便是国人痛心疾首的一例。

中瑞西北科学考察团成立之前，外国人在华的科学探险活动基本上都是外方独立进行，即使有个别中国人参加，最多也就是担当一些辅助性工作，中国科学家单独进行的科学考察活动，大多学科单一、规模小、时间短。正因为如此，考察队在 1927 年 3 月即将出发时，遭到北大爱国学派组织"中国学术团体协会"等的坚决反对。

经沟通协商，考察活动决定以中瑞合作方式进行，中方在力所能及的范围内挽回了主权。合作原则包括考察团名称由中国定，收集得到的标本归中国，绘制地图比例不得大于 30 万分之一，考察团归由中方学者组成的理事会领导，中外各有一名团长共同负责野外考察工作指导，等等。对此，瑞方尤其是斯文·赫定起初是持有不同意见的，也发了一些牢骚。但考虑到联合科考的共同目标，经友好协商，瑞方最终同意采纳中方的意见和主张，联合科考的协议得以达成。

1927 年 5 月 9 日，由斯文·赫定为瑞方团长、徐炳昶为中方团长的中瑞西北科学考察团由北京出发了。

考察团出发不久，外国报纸就评论说："考察注定是短命的""中国人哪里知道大沙漠是什么，他们将命中注定只能走出包头不远，而后全体将转回北京"。这代表了不少欧洲人的看法。当时条件确实艰苦，火车只通到包头，再往西只能靠骆驼与双脚。大部分考察地区没有道路，没有人烟，不是飞沙走石的戈壁沙漠，就是绵延不断的崇山峻岭；气温会由冬季的零下 40 摄氏度突升到夏季的 40 多摄氏度，不但季节之间温差波动很大，甚至一天之内气温也变幻无常，使人难以适应；队员们常年住帐篷睡地铺。从额济纳河到哈密预计 40 天可到，只带了 45 天口粮，结果走了 62 天，有 48 天不见人烟，考察团从北京到乌鲁木齐走了 10 个月之久。白万玉在行进中因寒冷冻掉一根手指。纵然面对如此艰苦的条件，全体队员始终憋着一股劲儿：一定要为中国人争气，再苦再累也心甘。后来的考察成果基本上按协议执行，也让国际学术界对中国科学家刮目相看。

现在已经很少有人知道，作为包钢主要原料基地的白云鄂博铁矿，是这次联合科考队员丁道衡首次发现的。1927年6月，考察团抵达内蒙古百灵庙附近。7月2日他们从西南方向途经白云鄂博，二三十里外发现了一座黝黑而神秘的山峰，丁道衡跳下骆驼找当地居民打听情况，当晚就伏在油灯下查阅资料。他想，这座山峰可能是一座矿山。经仔细调查，发现铁矿砂沿沟散布，比比皆是，走近一看，矿砂更多。他确信这是矿床所在，并走访附近一些地方，认定这是一个蕴藏丰富、远景广阔、极具开采价值的大型铁矿，并断言"如能对白云鄂博铁矿进行大规模开采，必将成为发展工业的主要矿源，势必促使中国的西北地区发达起来"。中华人民共和国成立后，丁道衡先生的愿望终于实现了，如今包头钢铁公司已是国家重点钢铁联合企业之一。

白万玉从小就生活在矿山附近，后来又随安特生在龙烟铁矿工作过一段时间，因此对采矿工作有所了解，丁道衡先生当时曾多次咨询白万玉矿山知识并一起研究，收获颇丰。

一路上中瑞双方队员互相帮助、互相激励，所获喜人，硕果累累。在考古学方面，我国地质学家袁复礼、瑞典古生物学家布林等在新疆、甘肃、内蒙古等地发现众多完整或残碎的恐龙化石；气象观测方面，考察团在内蒙古和新疆等地建立的多个气象观测台站，不但收集到大量观测资料，也为后来西部的气象事业发展打下了基础；当时绘制的中亚地图集，不仅对当时的考察很有帮助，至今仍能派上用场；考古学方面，瑞典考古学家贝格曼在额济纳河进行了广泛的考古发掘，并发现了一万多枚汉代木简，被认为是20世纪前期与殷墟、敦煌文书并列的三大考古发现之一；我国考古学家黄文弼在塔里木和吐鲁番的考古工作也取得了突出成绩，并因此成为我国西域考古的开拓者。此外，中方团长徐炳昶、袁复礼等对边疆少数民族风俗习惯的记述，具有重要的史料价值……总之成就是多方面的，贡献是突出而巨大的。

获得这些成果付出了沉重的代价：自然界的危险随处可见，沿途环境险恶，多有野兽出没；而且新疆众多少数民族的语言风俗习惯不同，因沟通不畅造成误会之事时有发生。有一次，白万玉在库车县野外调查发掘时，被当地人报告警察局，说有人来新疆不仅挖死人骨头还盗宝。几个警察不由分说就把白万玉五花大绑捆了起来，架在一辆牛车上，一直拉到库车县监狱，无论怎样解释也不行。

在监狱里，白万玉被关了一天一夜，也不给吃喝，后来联合考察团的负责人出面找县政府调停此事，方被放出来。老师后来说，每当想起这些就后怕，当时中国到处兵荒马乱，弄不好随时都会有生命危险。

后来，斯文·赫定接到新疆交涉署公函："奉首政府训令，发掘死人头骨与我国习惯冲突，以后勿再挖取死人头骨，以重人道。"此函给他们原来信心十足的考察计划泼了一盆冷水，原计划1928—1935年的长期考察计划不得不中途停止。

考察虽然停止，但收获是巨大的，著名考古专家罗桂环先生说："80年前发生在中国西北的这次科学考察，在中国近代史上具有重要的地位和影响，考察团员们表现出的科学精神、探索勇气，作为科学界的重要精神遗产，将永远激励我们不断攀登新的科学高峰。"

白万玉在这次联合科考团的行动中和大家一起团

结协作，不畏艰险，不怕困难，勇挑重担，受到一致好评，被誉为"成绩极佳"。

写到这里，我心中不免生出几多感慨，白老师和西北科考团同人虽然早已故去，但他们为科学献身的精神，留给后人的丰富学术遗产必将永存，我们将永远怀念他们。

第六节　参与周口店发掘

新疆归来后，年轻的采集员白万玉又有幸参与了1929年再次发掘周口店工作。这次发掘由裴文中主持。

裴文中（1904—1982），河北丰南（今属河北省唐山市）人。1927年北大地质系毕业，到地质所工作，1928年参加周口店第一化石点发掘，1929年主持再次发掘周口店工作。当时资金非常困难，有中断的可能，但是地质所接替丁文江所长工作的翁文灏所长自始至终支持裴文中的发掘工作。

七八年前，白万玉跟随安特生在此工作过一段时间，经安特生言传身教，白万玉培养起吃苦耐劳、精明能干、爱动脑筋的精神。

周口店发掘地的山洞很深，曾有当地人进去后没有出来，据说死在洞里面了。后来就传说这个洞里有妖怪什么的，谁都不敢进去了。白万玉和同事进洞发掘时，也感觉胸中憋闷，呼吸困难，这当然不是因为洞里有什么妖怪，而是空气稀少所致。后来他们借用老乡用来扇谷子的扇车，用手摇着往洞里送风，把外边的空气送进洞里之后，才不感到憋闷。

1929 年 12 月 2 日，这是个令人惊喜、永远值得铭记的日子。白万玉经过艰苦发掘，最终从洞里刨出了"北京猿人"完整的头骨化石。因工作艰苦，成绩斐然，裴文中先生亲自发给白万玉 250 块大洋作为奖励。

发掘出来的北京猿人头骨化石等珍贵文物一直保存在北京协和医院 B 楼解剖室的保险箱内。1941 年"珍珠港事件"发生前夕，日美关系日趋紧张。为避免这些珍贵的化石落入日本人之手，院方决定将化石运往美国暂时保管。据当事人回忆，这些化石被装在两个箱子内，箱外还贴上了"高级机密"的标签。12 月 5 日清晨，装有化石箱的美国海军陆战队专列驶离北平，向秦皇岛驶去。按计划，它们将在秦皇岛被装上"哈里逊总统号"邮轮，驶往美国。但是 12 月 7 日"珍珠港事件"爆发后，美国海军陆战队的专列在秦皇岛被日军截获，"哈里逊总统号"也没有如期抵达，北京猿人化石从此下落不明。

时至今日，关于这些珍贵化石的下落还是有多种说法：有人说它们被劫往日本，流落到日本民间；有人说它们被埋在了原美国驻华大使馆的后院内；有人说日本人抢劫了这些珍贵的化石后，由于不懂它们的价值，当作可入药的"龙骨"卖给了中国商人；还有人推断它们被装在1945年4月1日被美军击沉的日本邮轮"阿波丸号"上，至今依然沉睡在我国福建省半山岛以东的海下。

无论这些说法是否正确，有一点可以肯定的，如果不是日本发动侵略战争，这些珍贵异常的化石是绝对不会丢失的。

2005年7月2日，"北京人"的老家北京市房山区政府成立寻找"北京人"头盖骨化石工作委员会。9月5日上午，寻找"北京人"头盖骨工作委员会揭牌仪式在周口店北京人遗址举行。该委员会副主任、北京市房山区文化委员会主任刘亚军透露，自委员会成立至今，共收集到63条线索，其中来自北京的有20条，来自吉林、厦门等地的有17条，来信14封，电子邮件两封，未留联系地址的 10 条。通过对收集到的线索进行梳理甄别，委员会确定其中四条为重要线索。

线索一：来自北京的吴先生在电话中称，1985年，贾兰坡院士请甘肃的古教授帮忙撰写自传。据古教授讲，他到日本的时候，在档案馆复制了一份"美军少校在远东军事法庭的证词录音"，在录音里他讲了有关头盖骨遗失最直接的证词。

线索二：来自北京的任先生称，他认识一个人，这个人的父亲以前是协和医院的医生，有一个头盖骨他拿回家了，现在头盖骨埋在别人的房子里。

线索三：来自北京的刘先生提供，他认识一个老革命家，手里有一个头盖骨，不便留下老先生的电话、姓名和地址，可以联系和老先生见面。

线索四：来自江西的乌先生说，江西有一位 121岁的老人，以前是孙中山先生手下的高官，知道头盖骨在国内，也知道在哪里。

刘亚军说，对于这些线索，寻找工作队会进行追踪，并不定期向社会公布。

第七节　参与斗鸡台戴家湾的考古发掘

1934 年至 1937 年，由中国北平研究院和陕西省政府联合组建的考古会，在陕西宝鸡斗鸡台戴家湾进行了为期四年的考古发掘。因为北京周口店猿人遗址发掘圆满落幕，白万玉有了空闲时间，便加入这个发掘项目当中。后来据老师讲，这次发掘历尽艰辛，曲折复杂，因抗日战争及二战全面爆发，发掘工作被迫中止，但它为中国考古学的建立和考古事业的发展立下了不巧的功勋。

中国考古专家苏秉琦先生曾撰文写道："那时，中国的考古事业刚刚起步，远古时期的许多历史问题不清，至周秦二民族初期之文化，则古书所载与之有关之史料，数量极少，无参证比较之余地，真伪正纰，无法核定；且意义暗昧，颇多难索解处，实为学术办之最大缺憾。"

因此，由国立北平研究院与陕西省政府联合组成了陕西考古会，选择地点，实施考古发掘，以解决上述问题。考古会根据北平研究院徐炳昶等先生的调查，以及军阀党玉琨在斗鸡台戴家湾的盗掘线索，把发掘重点放在周秦"二民族之都邑及其附近"。他们认为，"一民族都邑附近，颇难任他民族之势力逼此处"，文化特点比较突出。斗鸡台地区不仅在商末周初的地位相当显赫，也是秦人受封享国后的都邑所在地，所以，经过反复调查和筛选，他们就把发掘地点选在了斗鸡台戴家湾的陈仓古城遗址附近。

猛一听，斗鸡台的名字十分有趣，起初我和许多不知情的人一样以为它是专为斗鸡而搭建的平台，后来才知道这其实是一个地名，因其地下埋有众多宝物而出名。

中华大地名胜古迹无数，然在我国陕西宝鸡附近有一块宝地却独养闺中待人识，那就是风景秀丽的斗鸡台。这里虽处关中，却似江南，山清水秀，亭台别致，楼宇众多，美景让人流连忘返。

斗鸡台的确是块风水宝地，不仅秀美的风景吸引八方来客，更重要的是它的地下埋藏有众多宝物。早在2700多年前，秦文公就在这里营筑陈仓城，建都48年，使秦从此走向争霸之路，统一六国。

1936年，陇海铁路向宝鸡延伸，为了保护陈仓城遗迹，遂建斗鸡台隧道（隧道名称由杨虎城将军亲笔题写），该隧道从当时戴家湾村南边凸起的断崖上穿过。

斗鸡台附近的戴家湾一带是周、秦王朝的发祥地之一。在民国时期孙殿英东陵盗宝案发生以前，这里曾发生过类似的大案——陕西斗鸡台盗宝案。斗鸡台盗宝案的规模和被盗的文物数量、珍贵程度与东陵盗宝案相比，不相上下，被盗掘的青铜器质量极高，弥足珍贵。

这次盗宝案的始作俑者主要是盘踞西府凤翔的地方军阀党玉琨。他是民国时期与孙殿英齐名的盗宝枭雄之一。其在斗鸡台墓地盗掘的文物仅青铜重器就有数千件，这些文物大多流失到了国外。从 20 世纪初以来，陕西宝鸡斗鸡台戴家湾一带先后发生了三次重大的文物被盗案件，在国内外产生了重要影响，因此"宝鸡""斗鸡台""戴家湾"便引起了外界较为广泛的关注。

在斗鸡台搞发掘是艰难曲折的，考古人员不被理解，甚至被误解，与党玉琨混为一谈而备受指责是最大的困难。

1934 年前后，陕西连年旱灾，盗挖古墓成风，这不能不引起民国政府的重视，但同时也给考古会的这次发掘带来了不利，正当考古会积极筹备在斗鸡台戴家湾发掘之际，国民政府考试院院长戴季陶等人在陕西省主席邵力子和杨虎城将军的陪同下来陕西视察工作。当他听了陕西地方关于盗墓成风的情况汇报后，想当然地把考古会的科学发掘和党玉琨的盗掘混为一谈，阻挠这次发掘。

当考古会的成员、时任陕西省政府顾问的张扶万一再陈述斗鸡台的考古发掘与党玉琨的盗掘古墓风马牛不相及时，再次遭到了戴季陶的严厉斥责。张扶万等人面对戴氏的淫威，再次致函陕西省政府，力主发掘。这事被戴季陶知道以后，当即向中央研究院院长蔡元培、行政院院长汪精卫、教育部部长王世杰及远在前线的蒋介石发去急电，大兴问罪之师。

面对斗鸡台戴家湾的这次考古发掘，一时间举国舆论沸腾。陕西省政府面对压力，犹豫观望，迟迟不敢决策。在这紧要关头，当时北平研究院徐炳昶等人大胆面陈邵力子，请求"逆流而上，以主斗鸡台挖掘……必为全国学者所赞许"。在如此强大的政治和舆论的压力下，邵力子毅然批准了斗鸡台戴家湾的发掘报告，并令宝鸡县县长遵照办理，给予这次考古发掘鼎力支持。

这次发掘持续了将近四年，前后共进行了三次。第一次是从 1934 年 4 月至 1934 年 6 月；第二次是从 1934 年 11 月至 1935 年 5 月，这次是在当时的陈宝祠后边和戴家沟沟东，即党玉琨当年盗挖过的缓坡上进行的；第三次发掘是 1937 年 6 月，这次发掘主要是在沟西进行的，后来因经费困难，发掘工作被迫搁置。紧接着又因抗日战争爆发、北平研究院机构迁徙等原因，戴家湾的这次发掘未按原计划完成，就此告终。

发掘资料一部分留在陕西考古会，一部分送至北平整理。抗日战争全面爆发后，大部分资料随科学院南迁去了昆明，但仍有一部分资料陷入敌伪手中，给研究整理工作造成诸多不便，损失不小，令人惋惜。后来苏秉琦先生努力工作，终于写出了《斗鸡台戴家湾研究》的初稿，交香港商务印书馆出版，又因太平洋战争爆发，香港沦陷，以致书稿下落不明。直到 1948 年，才由北京大学出版部将《斗鸡台沟东区墓葬》报告出版，这成为我国考古学的最早专著，为中国的考古科学发展奠定了基础。

尽管斗鸡台的发掘工作十分艰辛，但白万玉在这里得到了更大的锻炼，更多的收获，并且充实了他的田野发掘经验，获益匪浅。在斗鸡台工作的几年间，白万玉与苏秉琦先生之间相处愉快，合作默契。白万玉尤其钦佩苏先生的人品，在困难面前挺身而出，顾全大局，彰显了伟大的人格魅力，苏秉琦先生也十分欣赏白万玉的踏实品质，故将资金托付给他管理。

考古伴随风险，1934 年白万玉和苏秉琦先生在陕西斗鸡台附近发掘一个王侯墓，在墓葬清理工作将要结束时却出了事故。由于坡度过小，土方塌了下来，有个民工不幸被埋在里面，等被救出来时，已经停止了呼吸。善后工作完毕时，发掘经费已全部用光，全体人员情绪低落，发掘工作无法继续进行下去。

过了几天，苏秉琦委派白万玉到西安他大哥苏秉璋那里去筹款，并表示最信任白万玉，说此事只有交给他办理最放心。当时社会动荡不安，拦路打劫、图财害命是常有的事，带着大批现金十分危险，但白万玉毫不犹豫，当即坚定地表示人在钱在，只要处处小心，可保人财两安。苏秉琦十分放心。于是白万玉带着一名强壮的民工，带上防身的武器，匆匆上路。

苏秉琦先生原籍河北省高阳县。高阳当时是华北地区民族纺织工业中心之一。苏家是当地知名的民族实业家，经营纺织品，在高阳县设有纺织厂，生产著名的"双龙珠"牌棉布，与国外进口的纺织品抗衡。

　　白万玉到达西安，见到苏秉璋先生，送上苏秉琦先生的信，说："二先生要我来取款。"苏秉璋先生看完信件说："明白了，你们一路辛苦，先吃饭安歇吧。"第二天，一切准备妥当，500现大洋，已分装几麻袋裹好，白万玉雇了两匹驴驮着，匆匆赶回了斗鸡台，发掘工作又重新启动。500现大洋在当时是一笔巨款，历经远途，全部带回，分毫不差，这能看出白万玉慎独、自律的品质，这件事也给考古学家庞中威先生留下极为深刻的印象，后来他在自己的书中也有详细介绍。

　　当时斗鸡台的考古发掘工作是由北平研究院史学研究所发起。照理说是公家的事，一切经费均应由公家拨款，但是鉴于当时经费已捉襟见肘，况且上方本就对该发掘工作施加重重压力，苏秉琦先生以大局为重，临场"救火"，实属难得，最值得颂扬的乃是苏先生对此事从来只字未提，让知情人都敬佩不已，其高风亮节确实值得赞颂。

第八节　不做亡国奴

1937 年 5 月，白万玉结束了为期四年的斗鸡台考古工作，准备休整一下，再开始新的工作。然而七七事变爆发，卢沟桥一声炮响震惊了全中国和世界。

7 月 28 日，日军猛攻北平南苑，中国第二十九路军副军长佟麟阁和第 132 师师长赵登禹壮烈殉国。次日北平失陷。

白万玉决不给日本人干事，这是他做人的准则。山河破碎，还考什么古，发什么掘，他决定带着师母回老家。可回到家乡更糟。1937 年 8 月 27 日，日军侵占张家口，8 月 28 日侵占宣化，1939 年 7 月 26 日，日军接管龙烟铁矿，成立了龙烟铁矿株式会社对龙烟铁矿实行疯狂的掠夺性开采。

白万玉回老家后，什么也不干，就是种地。但是，他当时已是村里远近闻名的人物，这个消息不知怎的传到日本人那里。有一天，日本人派一个伪军到白家说："皇军听说你对铁矿熟悉，请你到矿上工作。"白万玉非但不"领情"，还晓之以理，动之以情，反倒把那个伪军策反过来。气急败坏的日本人决意报复，四处抓捕他，害得他有家不能归，到处躲藏，最后加入了抗日游击队。

著名作家杨朔曾在龙烟铁矿体验生活，并在土窑洞里创作了中篇小说《红石山》，里面曾记录了红石山抗日游击队斗争的悲壮历史。所谓"红石山"就指的是龙烟铁矿，因为这个地区的矿石是红色的，故而名之。共产党领导的抗日游击队在龙烟铁矿周边地区与日本鬼子斗争达数年之久。白万玉坚定地表示："誓死不当亡国奴，即使战死沙场，也不为日本鬼子卖命。"这充分表现出一个普通中国人的高尚民族气节。

1949 年中华人民共和国成立了，白万玉也随着国家的新生，开始了新的生活。1950 年 8 月 1 日，中国科学院考古研究所组建成立，白万玉从原中央研究院历史语言研究所转到考古研究所。

考古研究所组建初期，1950 年 10 月，由夏鼐、苏秉琦、安志敏、石兴邦、王伯洪、马得志、徐智铭、魏善臣、白万玉、王仲殊、赵铨等人组成的考古专业队，在河南辉县琉璃阁进行了发掘考察。这也是中华人民共和国成立之后，考古所第一次田野发掘考察。

第三章　定陵发掘记

第一节　发掘定陵

1956 年，白万玉老师在郑州接到北京考古所的加急电报，急召他回京。第二天，白万玉老师就急忙乘火车赶往北京。下车后他就迫不及待地直奔考古所。

夏鼐所长在办公室接待了他，二人互道问候后，白老师就单刀直入，边喝水边问："什么任务这么急？是不是大家议论的要发掘十三陵？"

"正是如此，周总理已经同意了，正式发掘长陵前，先搞试掘，取得经验后再开发长陵。"夏所长答。至于这期间发生了什么事情，夏所长只字未提。

"试掘对象未最后确定……一个原则，为发掘长陵提供经验即可，不必贪挖大陵，旨在减少损失。"夏鼐补充着，一口气将工作重点讲了出来。

明十三陵的开发过程中，有一位促进者起了关键的作用，他就是赫赫有名的北京市原副市长、明史专家吴晗。

那是 1955 年 10 月 9 日，星期天，国务院机关事务管理局余心清局长邀约了邓小平、李富春、郭沫若等偕同家人一起到十三陵郊游。同时还邀约了其他一些人，其中有吴晗先生和新凤霞女士，连同工作人员有三四十人。

10 月上旬的十三陵，秋高气爽，气候宜人，一座座红墙黄瓦的明陵点缀在群山绿树中，景色宜人。有工作人员为大家准备了丰盛的野餐。

参加郊游的人们先后来到长陵，或一家人，或三五结伴，漫游参观。中午，所有的人都集中到长陵东侧的空地上野餐。大家有坐有站，边吃边谈，欢声笑语，气氛很热烈。大家很自然地谈起十三陵，尤其是长陵。吴晗作为明史专家，谈得最多，情绪也十分激动。谈着谈着，他突然当着邓、李两位副总理的面，大声地对郭老说："郭老，长陵这么雄伟，里边一定很宏大，肯定会有很多珍宝陪葬，说不定还会有很多壁画和绝版的古书，咱们把它掘开，搞个地下博物馆好不好？"郭老表示赞成，两位副总理和在场的其他人也都表示拥护。郭老对吴晗说："你就负责起草一份报告给总理请求批准吧。"吴晗说："好，好。"在离开长陵前，吴晗就和郭老商量了给总理报告的内容和由哪些人署名的问题。

1955年10月13日，吴晗给郭老写了一封信，信中说："发掘长陵事，和各方面谈，都表示同意。拟一报国务院稿，可用否？请斟酌改正。"并请郭老领衔在报告上签名。第二天沈雁冰、张苏、范文澜、邓拓四人，都在报告上签了名。报告是吴晗亲笔写的。15日，经修改后的报告，即打印上报。

周总理11月3日批示："原则同意……"长陵发掘问题就定了下来。

总理批准发掘长陵不久，就成立了长陵发掘委员会。委员除给总理写报告的六人外，又增加了郑振铎、夏鼐、王昆仑三人。

就这样，发掘十三陵的序幕在不经意中徐徐拉开，其推动者乃明史专家吴晗。

自从10月初定下发掘十三陵的意向以来，吴晗一直马不停蹄地工作，科学发掘，文物的妥善保护等一系列错综复杂的工作，必须在有关方面权威人士指导下方可顺利展开。为此，吴晗想到请教中国科学院考古研究所所长郑振铎以及他的清华大学同窗好友、中国科学院考古研究所副所长夏鼐，他把 10 月 9 日以来关于发掘明十三陵的来龙去脉告知他们，希望能得到二位考古界重量级专家的认可和支持。

郑振铎、夏鼐何许人也？也许现在的年轻人对其不太熟悉，他们在中国考古界都是响当当的人物。

郑振铎（1898—1958），享年 60 岁。字警民，笔名西谛，祖籍福建长乐，生于浙江永嘉（今温州）。他是著名的文学史家、文物考古学家、作家。他于 1917 年考入北京铁路管理学校。1919 年 1 月，与瞿秋白等人创办《新社会》，宣传五四新文化思想。1921 年到上海，先后主编《时事新报》《学灯》和《文学旬刊》，1923 年起主编《小说月报》，1925 年，与叶圣陶、胡愈之等人合编《公理日报》，揭露和抨击帝国主义暴行。1931 年 9 月后任暨南大学文学院院长，协办了大型文学丛刊《世界文库》。抗日战争爆发后，在危险艰难的条件下，与许广平等人组织复社，出版《鲁迅全集》《列宁全集》。中华人民共和国成立后，任国家文物局局长，文化部副部长兼中国科学院社会科学部委员，中国科学院考古研究所所长，中国文学研究所所长。

夏鼐（1910—1985），享年 75 岁，字作铭，浙江温州人，1934 年毕业于清华大学历史系。早年留学英国。曾任北京大学教授，中国科学院哲学社会科学部委员，中国社会科学院副院长，中国科学院考古研究所副所长、所长等职。他是著名的考古学家、社会活动家、中科院院士，曾主持并参加了河南辉县商代遗址、北京明定陵、长沙马王堆汉墓的发掘工作，对中国各地新石器时代文化的年代序列做过全面研究，创造性地利用考古的资料阐明中国古代在科技方面的卓越成就。夏鼐治学严谨，是中国现代考古学的奠基人之一。

以国家行为主导发掘皇陵这是中国历史上的第一次，当时关于这方面的田野发掘毫无经验可谈，领导之所以决定发掘皇陵，意在通过实践取得经验，填补历史空白。

白万玉回北京后，夏所长交代任务，他马不停蹄、风尘仆仆地去十三陵考察……

考察完毕，他立即到夏所长办公室汇报考察结果。

夏所长开门见山地说："周总理已批准开发十三

陵，这项工作非常艰巨，而且带有政治性，不敢怠慢，该项工作已由陈毅元帅批给了科学院主持。我考虑来考虑去，派你去主持发掘比较放心，但困难不会少，因为也没有前人的经验可借鉴，最主要的问题是安全问题。我已向朱主任介绍了你的情况，他很高兴，你去，朱主任有安排。"

白万玉边听边点头，对领导的信任和重托深感责任重大，当即表示一定不辜负上级领导的期望，坚决圆满地完成任务。紧接着白万玉汇报了这几天的考察情况，他说："十三陵我都跑遍了，也走访了周边一些农家村民，从全局考虑，我认为试掘定陵最好。长陵是一个开放的公园，游人很多，我们要挖长陵就得封闭，况且谁也没有发掘过皇帝的大墓；如果把长陵挖个乱七八糟还找不到门，怎么交代？我负不了这个责任。所以，我有个想法，咱们是否先挖一个别的陵，比如定陵？取得经验后再挖长陵。我和十三陵公园李主任谈了，他也建议，综合各方面因素，试掘定陵最好，我的想法和他的建议正好不谋而合，李主任长年待在十三陵，了解情况，所以我心里更有底了……"

夏所长接着问他："那从你的角度看，试掘永陵、定陵、献陵，究竟哪个效果会更好些呢?"

白万玉回答道："永陵、定陵规模和长陵差不多，例如永陵的祾恩殿的大柱子就好于长陵，如果试掘永陵，万一有个闪失，损失重大，就如同挖两个长陵一样；另据李主任讲，如挖永陵，吃水问题不好解决，同时交通也不便；而试掘定陵，能为正式发掘长陵提供经验。即便只挖定陵，不挖长陵，一样能达到预期效果。献陵是个小陵，仁宗在位仅十个月，遗诏丧事从简，所以规模较小，献陵离长陵最近，它又最小，如果发掘，可能方便、省事一些，但发掘意义不大，不能达到试掘目的，如果试掘献陵，难以取得像定陵这样一举两得的效果。"

夏鼐不是一个感情外露的人，而是一个非常稳重的学者。他认真听了白万玉的汇报，刚开始并没有急于表态，也没有提出任何异议，只是微笑着频频点头。作为一位德高望重又谦虚谨慎的学者和负有重大责任的决策者，他当时持有这种态度是正常的。但从当时他的举止和眉宇间的神色看，似乎又使人能感觉出他内心的喜悦。白万玉的话一言中的，使夏所长最后下定决心，从试掘定陵开始。

据庞中威先生回忆："事后，白老跟我说：'当时，我的为难情绪可大啦。如果把长陵公园挖个乱七八糟，找不到门，不但没法交代，丢人也就丢大了。'白老提出建议后，不到两天时间，先挖定陵做试点就定了下来，开明仁厚的仁宗皇帝逃过一劫。"

回顾以上一波三折的过程，既难熬又充满变数，而白万玉的建言是通过细致调查和研究提出的，这也就是夏所长欣然采纳的原因。

历史就是这样，定来定去，发掘的目标就定在了万历皇帝的定陵上，从各方面考虑，发掘定陵最合适。白万玉的建言，如同一颗铆钉，钉在了最关键的部位，他使夏鼐所长的心情似沐浴了春雨，解除了他多日以来的烦闷，为即将进行的挖掘工作打开了必要之门。

白万玉通过对十三陵的认真调查，他的中肯建言使领导们最终下定决心开发十三陵从试掘定陵开始。围绕这一决策，各有关方面领导和人员都做了紧锣密鼓的准备。

发掘定陵这副重担最终落到了中国科学院考古研

究所身上。即将任定陵发掘总负责人的夏鼐倍感责任重大；与此同时，作为科学院考古研究所副所长，他还要主持其他日常考古业务工作，难以脱身专抓定陵现场发掘工作，所以他急于物色一位能够代表他胜任指挥现场发掘的人选，经过多方面慎重筛选之后，他最终把目标锁定在富有田野发掘工作经验并被誉为"一代田野考古大师"的白万玉身上。

接到这个重任以后，白万玉诚惶诚恐，他曾多次和身边的人们诉说这个任务"甭提多大了"！这是一项十分浩大的工程，尽管他走南闯北，在田野发掘方面见多识广，但在这座壮丽无比的皇陵面前，就算他是"田野考古大师"，也感到压力不小，责任重大，哪怕有一点儿闪失，谁都担当不起，但他最终还是把心静下来：干了一辈子考古，也许这是我的最后一项压轴戏！他决心迎着困难上，一定要把这项艰巨任务完成好，绝不辜负领导和同志们的殷切期望！

第二节　大幕徐徐拉开

1956 年 5 月 17 日，经多方面研究，几经论证，酝酿七个月之久的定陵发掘工作的大幕徐徐拉开。北京市文化局文物组主任朱欣陶代表北京市文化局常驻定陵，主持全面工作，在业务上他不多干涉，但其他的问题都得请示他。受到各方领导极度信任和重视的白万玉，在他几近花甲之年，作为中国科学院考古研究所副所长夏鼐亲点的代表，被派往定陵发掘第一现场。他不是队长也不是副队长，只是因为他德高望重、经验丰富，而受命代表中国科学院考古研究所常驻定陵主持现场发掘工作。指挥是白万玉，千真万确，一些自封"队长"之类的说辞，都是子虚乌有，不可信的。

北京市文化局文物组的朱欣陶主任对白老师特别优待，定陵工地住房十分紧张，他还特别给白万玉一个单间住，还配备一名服务员孙宪宝，对白万玉照顾得很周到，让他省了不少事，可以全神贯注地投入到发掘定陵的工作当中。

在开工前，白万玉给民工们开了一个会，在会上他给大家讲了考古发掘的基本知识、注意事项，特别强调了要注意安全，有什么异常情况马上报告。会上又选出民工组长四人，他们是王启发、郝喜文、许崇义、刘怀珠。要想保证发掘工作顺利进行，首当其冲的就是要准确找到入口，而发掘出土后的遗体、棺木、全部陪葬品以及砖墙、门等一系列遗存，都要保证完好无损。

白万玉常念叨这句口头禅："这是国务院、周总理亲自批准的工程，责任重大，绝对要保证质量，慎之又慎，不能有丝毫马虎，否则我将无法交代。"

当然，工作难度大，这一点白万玉在思想上早已做好了准备。谁都知道，找到地宫大门，一切都迎刃而解，但难就难在如何准确地找到大门。白万玉当时常对在场的人们说："定陵这么大，谁能知道门在哪？皇帝死后为了陵墓不被盗墓者发现，可能会巧设迷宫，让其他人怎么也找不到。恐怕光凭力气，挖地三尺，也未必能找到门的踪影；也许你坐在定陵宝城的某个地方，那下面就是门……"越说越神秘，越说越引人入胜，使人不能不驻足聆听。

总之，定下门的方位，是打开地宫最关键的一环。发掘定陵，白万玉首次采用探沟法，这可以说是我国考古史上科学发掘皇陵的首例。探沟法是白万玉在多年的田野发掘实践中所掌握的方法，是老师瑞典考古学家安特生的真传，早在20世纪20年代初在发掘河南仰韶遗址中就曾大量使用过。为什么发掘定陵时要用"探沟法"呢？白万玉说此法在实践中证明是成功的，不妨一试。

后来，白万玉又请示了夏所长，获准后，在明楼后挖一条深沟，长50米，宽3米。挖沟需要大量的劳动力。开工前，朱欣陶主任与昌平的有关领导商量，在定陵附近村庄雇请农业合作社社员61人（其中女社员10人），每人每天补助1元钱。

刚开始，这些民工还很配合发掘的，大家挥汗如雨，在探沟里一锹一锹很卖劲地挖着，眼瞅着几个月过去了，只见探沟旁的黄土慢慢变高，仍不见地宫大门的踪影。200多天过去后，除了一堆黄土外竟颗粒无收。因此白万玉坐卧不宁，郭沫若、吴晗、夏鼐都曾来信对发掘现场表示殷切关心和亲切安慰，使在场工作人员感到鼓舞，虽有一定作用，但毕竟有限。

因工作一直无头绪，民工的情绪也开始波动，于是有的人开始找借口今天请半天假，明天请半天假，有的人索性就不来了。留下的只见仨一堆儿，俩一伙儿，散散漫漫歪在探沟旁，即使干活儿也是有气无力……

有一天，庞中威陪着白万玉来到发掘现场，只见雇来的民工三五成群，散漫地待在探沟土堆旁，无精打采地休息。为首的一个小伙子上下看了看白万玉说："白老先生……"

庞中威向白万玉低声道："他就是刘怀珠，民工四大组长之一……"

刘怀珠接着说："我不姓刘！"

白老师一愣。

刘怀珠接着说："我姓白，叫白干！"

白万玉接着他话茬儿："你像个小白干儿，酒性还挺烈。"

刘怀珠说："您老别打岔。"他用拳头一捶黄土堆，胸脯气得一起一伏，说："这叫发掘？别说金银财宝了，连个尿盆子也没挖出来！没意思……一天给1块钱也没啥意思……打明儿起，回家放羊去。"

民工们一阵哄笑："是啊，年轻力壮，哪儿挣不来1块钱？"

白万玉哈哈一笑说："刘领导，你的人马不少啊，一大片呢，我这里只有庞中威我们两人，你人多势众啊！你想放羊去，明天就有个放马的来顶替你。"

民工的笑声停止了。

白万玉又说："皇帝洗脸的是金盆子,你找尿盆干什么? 定陵就是个聚宝盆,你们就住在聚宝盆里,守着聚宝盆子,还能就着凉水啃窝头? 那得天天吃饺子,饺子都叫你吃腻了……"刘怀珠撇撇嘴。

白万玉兴致不减,说:"你们想啊,不挖出聚宝盆,穷山恶水的,能招来人吗? ……有了聚宝盆,连外国人都得来看……赶明儿,你有了孙子,孙子都会自豪地说:'我爷爷曾经挖过这聚宝盆!'说不定百年之后这块长眠地,还是个旅游景点呢! 别老想着明儿放羊! 你要是铁了心放羊,别赶明儿,今天我就放你这只羊回去……"

刘怀珠:"白老先生,咱再咬牙干个十天半月的,如果还是只出黄土不出金,咱还得拍屁股放羊去。"

众民工附和:"是啊,谁愿意在这儿白耽误工夫没收成? ……"

白万玉高声说:"你们记住我姓白的话,在定陵有你们和洋人握手的那一天! ……"

此后有一天,赵信奉白万玉之命接待吴晗副市长时,吴晗突然问:"小赵啊,现在还有叫白干的吗?"

赵信顿时吓了一跳："那是句气话，您怎么知道？"

吴晗得意地说："不是气话，是趣话，有趣的话容易记住。你们这儿的朱欣陶、白万玉……还有一时叫不上名姓的发掘人员，不都是我们的耳目吗？如此这般，我和郭沫若、郑振铎、邓拓、夏鼐才不至于两耳塞豆、闭目失聪呢。现在，连白老呼吸的急缓，我在电话中都有感受。如果你们白干了，我就叫吴望了。吴望，无望也，没有希望。"

白万玉经过大风大浪，有上级领导重视，他坚信再大的困难也能克服，他也很理解跟他一起并肩战斗的民工们心里的怨气。都苦干了300多天还是无花无果。发点儿牢骚，讲点儿怪话，完全可以理解。他作为现场指挥，深知责任重大，他因势利导，采取拉家常的方法，和民工们谈天说地，围绕主题，给大家谈到了美好的未来，同时恩威并重，压住了乱局。白万玉的这些肺腑之言还真有效，它深深地打动了那几十号民工，大家都表示，白老都那么大年岁了，还领着大家干呢。从此以后，再也没发生消极怠工现象，大家踏踏实实地听指挥，配合得相当默契。

当时白老的爱徒庞中威先生有感而发，赋诗一首：

白老主持发掘定陵的压力

发掘皇陵世无先，千斤重担压在肩。

没有经验可借鉴，吴君关心问长短。

所长多次来指导，六十工人战暑寒。

就怕工伤事故出，业务人员轮班站。

一年辛苦出成绩，见到金刚墙上檐。

注： 所长指夏鼐所长，吴君指吴晗副所长。

在发掘现场，白万玉首次提出了五字方针，即难、险、巧、细、真。

据庞中威和赵信先生回忆，他们曾熟记这五个字，并在工作中真正领会了它的重要性。细细品味这五个字就是：找地宫大门难，下地宫险，开石门巧，清理棺椁要细，写发掘报告要真。

朱欣陶主任曾对白万玉提出的五字方针给予高度评价："白老头脑清晰，思路明确，对试掘定陵全过程有一个通盘考虑，环环相扣，有条不紊……"

七八个月过去了，地宫大门还是找不到，白万玉将如何向信任他的上级领导交代？据庞中威回忆，白老师住的房间经常是已经很晚了还亮着灯，屋里常常是满地烟头，他的双眼总是布满血丝……大家经常劝他要注意身体，毕竟已是近六旬的人了。

可就算这样，白万玉仍信心百倍地履行自己的诺言，在困难面前绝不低头。

在这期间，他专程去紫禁城，仔细品味宫殿的布局与结构。回到定陵发掘现场，白万玉认定，在中国的帝王历史上，阴宅反映了阳宅。这给他极大的启发：地下宫殿的正门会不会就在这条中轴线上？按他的思路，大家各司其职，工作进展日趋乐观，工人们干劲儿十足，工作也取得可喜进展。

第三节　指路小石碑

1957 年的 4 月，探沟挖到了两米深，探沟的左侧终于切住了陵墓的隧道，用小铲一点儿一点儿地挖，在隧道内挖出一小块石碑，这时大家如获至宝，急于想知道石碑上会传达什么重要信息。经过仔细辨认，石碑上显露出以下文字："此石至金刚墙前皮十六丈深三丈五尺。"

当年参加现场发掘的庞中威描述："小石碑的发现，被人们形容'像做梦一样'，可以想象大家激动的心情，一夜没睡觉，都在谈论这把'钥匙'，这的确是把开地宫的钥匙啊!"

小石碑的出现，又引起大家的争论。有的说，这是块迷路碑，皇帝故意埋下的；有的说这是大臣捣的鬼……大家最终同意朱主任的看法：从小石碑上记载的详细数据来看，可能是皇帝死后下葬时进入地宫的标记。从明代的习惯看，寿宫预营后，如果帝后没有死去，隧道仍要用土填好。但是，帝后何时去世又不是人们能预料到的。因此，负责陵墓营建的工匠们不得不考虑到帝后一旦暴卒，隧道如果不能按期开掘，这将会给自己的家族带来多大的灾难。所以聪明的工匠，事先自己留下记号，便于日后的工作。正因为如此，小石碑的设置，连一般大臣也不可能知道，毕竟泄露了统治者地宫的秘密会被抄家灭族的。

以后的事实证明，这块小石碑确实是打开地宫的指路牌，就是一把暗藏玄机的"钥匙"。不过，小石碑上刻的"金刚墙"三个字，让所有的人包括白万玉在内心感到迷惑不解，莫非门的入口被铜汁浇了不成?让后人无法打开?否则为何称为"金刚墙"呢?问题一个接着一个，有紧张、有兴奋，也有疑惑。难道真的是铜墙铁壁、坚不可摧？谁也给不了确切的答案，只能摸着石头过河，走一步看一步了。

小石碑的出现，犹如久旱逢甘霖，使考古人员看到了希望，更坚定了必胜的信心。寻找"金刚墙"的攻坚战即将打响，为了赶在雨季之前完成任务，指挥部调来了卷扬机，这就加快了挖掘的进度，使探沟顺着小石碑指示的方向迅速向既定目标——金刚墙靠拢。

功夫不负有心人，在大家齐心协力下，金刚墙的大幕一点儿一点儿被拉开了。从挖掘开始到金刚墙露真容整整用了一年多时间，在这几百个日日夜夜里，发掘现场的所有工作人员，无论干部还是工人都以百倍的信心，努力工作着。他们用自己的聪明才智和艰辛的工作，克服重重困难，为考古事业奉献着一切，值得赞叹和歌颂。

当庐山真面目出现在大家面前时，人们看到金刚墙是这样的：它不是金子做的，也不是铜铸的，而是以厚巨石条为基，上面青砖垒砌，高达四十五层、灰浆勾缝；墙高二丈有余，黄金琉璃瓦为顶部飞檐，距地面约四丈。金刚墙的中央，是一个"圭"形的门，由于陵道填土多年的侧压力，"圭"形门的砌砖向内凹进去两厘米。"圭"形门的砖没有用灰浆填缝，是干垒起来的。白万玉对在场的人们说："看到这干垒起的'圭'形门，我真的长舒了一口气，不难了，进入地宫为时不远了。"

对此，赵信曾描述："近千年的小石碑上的字会说话，地下宫殿的入口找到了，除万历皇帝气得死去活来，白老师等哪一个不兴高采烈？"

一个不知道姓名的民工说："要知道有小石碑就美了，这可好，从开工到今天，挖了二三百天才找到它……"

白万玉接着说："早知道？这世间，妙就妙在大小事情都得有悬念。百年的事都知道，还有什么戏可唱？早知道尿炕，就一夜甭睡！"工地上响起一片笑声。

庞中威低声问："白老，这金刚墙是怎么回事？"

白万玉说："一块石头刚落地，让大家多笑几天吧，金刚墙可不是块豆腐，是块费牙的硬骨头，等咱们去啃呢。"

下一步怎么办？大家都用询问的目光看着白万玉。地宫里面会有毒气吗？会有暗箭吗？会有深渊吗？许许多多的问题接踵而来。经过深思熟虑之后，白万玉决定先拆下几排砖，让几百年的"毒气"散发一下。

大家一起商量拆砖计划的具体步骤时，由于受到以前神秘传闻的困扰，第一个上去拆砖者将面临未知的风险，所以民工们心中极度紧张，个个面有难色，这是可以理解的。白万玉一看，说："这样吧，既然谁也不愿上去拆，抓阄吧！谁抓到谁上去拆！"当时还留有七个工人。白万玉这么一说，他们才勉强同意了。

白万玉说着顺手撅断三根一寸来长的草棍，叫庞中威用纸包七个纸包，再拿三个口罩，庞中威跑到明楼后面的修复室，用牛皮纸包了七个纸包，到金刚墙前把七个纸包和三个口罩交给老师。

白万玉把纸包放在地上让他们抓。带棍的小纸包被昭陵村的赵生等三人抓到，这三位民工二话不说，干脆利索地戴上发给他们的口罩，登上梯子，开始拆砖。

由于紧张而着急，他们三下五除二就把几块砖拆了，"圭"形门的顶端终于露出了一个小口。霎时间，封闭了几百年的地宫冒出一股扑鼻的霉气，十分呛人，但大家都安然无恙，众人悬着的心终于安定下来。但到底有没有毒气，谁也没有把握。为了大家的人身安全，白万玉决定先把里面的气放放，过几天再干。

1957 年 9 月 18 日上午，白万玉叫孙宪宝在昭陵买了条狗，想把这条狗从洞口放进去实验，看看地宫里到底有没有毒气。可是这狗咬人，孙宪宝不敢牵，同时也怕里面的宝贝文物被狗撞坏，只好作罢。后又决定放进一只鸡做实验，孙宪宝爬上竹梯把一只大公鸡往里一扔，谁承想，放进去的鸡"咯、咯、咯"地乱叫，愣是拼命扑腾着，从洞口飞出来跑掉了。两次实验都失败了，但可以说明一点：里面没有什么传说中的毒气。

整个中午，白万玉心事重重，一言未发。大家各有各的心事，谁也不敢问他。在异样的沉默中吃完了午饭，大家各自散去。当天下午，白万玉似乎已经有了主意，情绪好了很多。也许是他的情绪感染了大家，工地上的气氛也渐渐活跃了起来。

大家围在一起，听他的吩咐。"没有办法，只有找个人下去看看了。"半天，从白万玉嘴里挤出了这句话，他的表情很尴尬，努力要做出微笑的样子，却实在笑不出来。大家一下子又沉默了，整个工地，静得掉下一根针都能听得见。金刚墙黑黝黝的洞口，深不可测，犹如猛兽凶残的嘴，正在静静地等待送上门的猎物……每个人的心，像突然间被刺刀刺了一下，大家都不由自主地后退了半步。

最终，白万玉那饱含期待的目光落在了庞中威身上。后来据庞中威回忆，他和白老师一个单位，参加工作一直是白老师带着。但那一刻，听到白老师叫他，脑子里空荡荡的……半天，他才回过神来。

白万玉说："我给你准备好了，危险是有，但不会太大。"他说这话是给庞中威壮胆子的。话是这么说，白万玉真不忍心让年轻人去冒险，他是走南闯北的人，经历的事情多，因此早已将生死置之度外，此时他真想自己带头冒险去做第一个吃螃蟹的人。

他曾对大家说："我什么都不怕，我这把老骨头万一有个三长两短也值了，我不忍心让年轻人冒这个险，而我在后面看着……"而在此关键时刻，作为现场指挥的他，深知自己肩上的责任有多么重大。如果下去的话吉凶难卜，都是年轻人，有的人尚未成家，有的成家，但妻少儿幼，他下不了决心让他们去冒这个险。

想来想去，白万玉最终决定要亲自搏这一回。据在场的赵信回忆，白老师就地一跺脚："人不拼命横竖不行……有烈火就有金刚！下午三点见……"白万玉抄起麻绳就往自己腰里围。

啊？白老师亲自要下地宫！全场大眼对小眼，一个个目瞪口呆，当时白万玉说了半句话："你们年轻人前途无量，我真不……"他真不什么？真不忍我们当中的哪个去冒险拼命呀！猛然间，庞中威出现了，一把抓住绳："您这是干什么？"白万玉笑笑："我不得试试绳子松紧啊？"白万玉看着庞中威说："那你就下去吧！"庞中威不由分说，解下了白万玉腰上的绳子，三下五除二系牢在腰间。白万玉拉拉庞中威腰上的绳子，长叹一声："没办法，只有你下去看看了。"

事后听白老师说："我似乎胸有成竹，因为庞中威是我最信赖的徒弟，从黄河考古队一直跟着我，聪明、伶俐、反应快，应该问题不大，但我也真是冒着风险呀！真是有点儿后怕，万一……"

后来庞中威叙述："从金刚墙上三米高处拆开的洞口里，顺进去一个竹梯，靠在金刚墙内壁上，外面靠两架梯子，用麻绳把我的腰捆住，刘师傅拽着绳子，我背着手电筒顺梯下去，赵其昌、赵信、王杰、田福禄等人蹲在洞口上，用手电照着我，刘师傅拽着绳子，蹲在洞口右侧。这时不管在洞口里的人，还是在金刚墙下面的人，心情都极度紧张。我的心都提到嗓子眼了，真是害怕。"

"我下到地宫后，弯着腰、屈着腿、低着头，白老师在上面喊：'叫中威把脚步放轻点儿！'他喊的目的是怕我把石条踩翻了，掉进陷阱里去。我的脚步放得轻轻的，用手电照着，小心地在地宫里转着圈，仔细查看，地面全是石条墁地，由于年代久远，石条上的缝已被水垢糊平了。看到没什么危险，我才喊了一声：'赵先生，下来吧，没有事。'这时赵其昌顺着梯子下来。我俩一起用手电从大石门缝往里照，地下黑乎乎的，看不清是什么东西，但是看见石门后，用一块长石顶着石门，但顶门石的形状和它的厚度看不见。到此，我俩就匆匆上来了。"

赵信在《考古追踪》一书中详细介绍了本次探险的前因后果和当时上级部门所制定的种种周密部署，充分体现了以人为本，将人的生命安全列为第一要务的良苦用心，现在读起来仍令人倍感亲切。

由于当时采取了积极稳妥的措施，既努力争取最好的，又极力避免最坏的，使地宫探秘第一步有惊无险，可谓功德圆满。据赵信回忆，庞中威走出地宫时，满脸是汗，但喜从心生，仿佛变了一个新人，他几步赶到白万玉面前说："白老，让您担心了……没事，地宫石条一条条、一块块全踩遍了，没事了……"

白万玉拉着庞中威的手说："中威……"他嘴唇只是颤抖却说不出一句话。庞中威又说："我是第二块指路小石碑。"白万玉被逗笑了："你这小子，什么时候都调皮。"

白万玉不松手，一直把庞中威拉进办公室。现场没有欢呼、没有拥抱、没有赞辞，只有发自内心的钦佩。

第四节 拆"圭"形门上的砖

1957年9月19日，工人一上班，白万玉就指挥着拆"圭"门上的砖。这部分砖没有灰浆，是干垒起来的，每块砖约48公斤重，拆下来的砖，被码在陵道的两边，一个上午就把砖拆到底了。

　　当大家把"圭"字墙的砖拆完之后，灿烂的阳光照了进去，也照进了人们的心田，久违的欢乐显现在大家的眉宇之间。几百个日日夜夜的努力，有体力的，更有脑力的，大家一起团结协作，并肩战斗，闯过了艰难，越过了险滩，困难被一个个地克服，可新的问题又出现在大家面前，不让大家有任何喘息的机会。

　　在太阳光照射下，两扇14吨重的大门横在了定陵发掘工作人员的眼前，如同一座拦河大坝挡住了人们的视线。不出所料，这大门是石料的，以汉白玉凿成。这两扇大门美轮美奂，面对它，犹如看见一部厚重的历史，庄重而神圣。

　　当时的情况是大门反锁，怎么办？怎么开？人们目瞪口呆，无从下手，思绪似乎凝固住了，一筹莫展。

　　摆在面前的问号一大堆，归结起来就三个字：怎么办？

　　庞中威在《定陵发掘亲历记》中有过详细记录："石门是紧闭的，从门缝望进去，它被一条条石顶住了，从门外是推不开的。但是，人又不能进去，怎么开门呢？"

白万玉 19 日晚上没睡好觉，他一直在想怎样打开石门，既安全又不会对石门造成丝毫的损坏。不知是什么时候，他让木工田师傅刮好了几根一米来长、六厘米来宽的竹板，又准备一根两米多长的铁丝（其实是 8 号铅丝），还有一根绳子，拴在铁丝的一头。

　　当天下午三四点钟，记不清是谁喊了一声："开地宫大门去了！"这一声喊，所有的人都去地宫了，其中有朱主任、杨科长、白老师、赵其昌、庞中威、赵信、王杰，刘精义上午从城里回来也去了。此外还有田师傅、刘师傅、张师傅……反正去了不少人。谁都没见过皇帝的地下宫殿，都想看看皇帝的陵寝是什么样的，都有好奇心，不约而同都去了。

　　田师傅背着木工兜子，胳膊夹着刮好的竹板子，白万玉拿着一根带弯的铁丝，一头还拴着一根绳子。白老师玩的什么把戏？

　　这时地宫已进光线。站在石门前，那光亮亮的石门如同镜子，能照见人影。

　　"龙面铺首"做工精湛，每扇门上纵 9 横 9 镶嵌着 81 颗石乳钉，高约 3 米，宽约 1.78 米，重约 7 吨。把这块光滑如镜的石材取来，也不知用了多少工？费了多少的人力？当时朱主任说："那时没有托运这么重石料的交通工具，要在冬天先修好路，再泼上水，路面结成冰后，是人拉人推滑来的，你说这工程有多大吧！"

怪不得历史记载："进山采石一千，出山五百。"

白万玉指挥，田师傅具体操作，其他人在周围看着。田师傅把那根铁丝弯成 3 个半圆形，立着从缝里送进去（两扇大门之间有道两厘米宽的缝），再转过来，套住顶门石的腰部，然后，把门外多余的铁丝用手弄弯，边弯边往里送，这样慢慢地，铁丝圈的那头就转回来形成一个完整的铁丝圈。然后田师傅用小钳子把铁丝圈拧死了，做成了套住顶门石腰部的一个牢固的铁丝圈。

铁丝圈套住了顶门石后，白万玉叫人用竹板从门缝里推住顶门石的上端。顶门石是在里面倾斜放置的，正好顶住大门，用力一顶，顶门石就离开了大门，石门便容易被推开了。大家一边推顶门石，一边推石门，反复操作。这样，门缝越推越宽。

将门缝推开一尺来宽时，有人侧着身子从下部第一个钻了进去。这个人进去后双手抱住顶门石，把它扶正了，这时的门缝推开有两尺多宽了，就进去好几个人。进去后，几个人就把顶门石抬起，靠在左侧的石墙上了。前后用了不到 5 分钟时间，这座地下宫殿的第一道石门，带着沉重的嗡嗡声被轻轻地推开了。

地宫的石门只是后来拍电影时关过一次，以后再也没关过。

和白万玉一起共过事的赵信在他的《考古追踪》一书中有以"白万玉巧开白玉门"为题，介绍当时开门的故事：

"后半夜我起身小解，抬头一看，白老的窗口还亮着灯。"

我悄然走过去："白老，还没睡呢？白老……"

"噢，赵信呐！"白老推开门，"你也没睡?"

我笑笑："我都睡一觉醒了起身小解呢，您总是这样熬夜可不行……吴晗副市长和咱们所领导，一再嘱托我们，要多关心您的健康呢。"

白老师一边端详小模型，一边说："健康嘛，还说得过去。我是找入口下地宫愁得睡不着，这会儿又高兴得没睡觉。庞中威下宫，我真是悬着一颗心，捏出两把汗……敢下地宫探险者，说不上大智，也算大勇。"

我说："有民工说，要是早知道，我也敢……"

白老师说："事后当诸葛亮的人不少。下一步正式挖掘长陵，问问他长陵的入口在哪儿？长陵地宫谁能保证没陷阱，我先把他扔进去，让他当回事前诸葛亮。"

我说："白老您可算料事如神了，昨天庞中威和赵其昌全看过了，地宫大门果然用石材。"

白老师："……你看，要开石门，先得研究石门是怎样关的……"

白老师用简易的石门小模型为我演示：两扇石门背面雕有突凸的石坎；石门正中地面不远处有凹槽；顶石底部恰置凹槽正中；大石门两扇，先将一扇门关上，另一门虚掩；此时将顶门石竖起，将其上端靠半掩门背面的石坎上；关门人把住石门，侧身从敞口处出来，回身把门拉至两门门限。顶门石在门内顺势倾斜，自然顶入门石上突起的石坎里。至此，两扇地宫大门被顶门石由内顶死关严。

白老师说完淡然一笑："这只是设想推断，不一定准确，原理也许不会有大错，我跟吴晗、夏鼐都操作过，和不少木匠、石匠不止一次地研究过，不这样，门关不上。就在这个房间里，我和木工田福禄师傅琢磨它，都不是一天两天了，每夜不能白点灯熬油啊。"

我急切地问："石门怎么开呢？"

白老师一指桌子："就靠它们开。"

桌上放着几条竹板，弯成半圆形的铁丝圈，小钳子，细绳子。

"就靠它们？"我有些惊异。

我自然兴奋，也睡不着觉了。

翌日，仍是金刚墙前原班人马齐聚白老师门下。

我们无从查考，几百年前，是谁侧身关上虚掩的石门，利用顶门石顶牢地宫玄关的。

事实与白万玉的推断吻合。遂有"白万玉巧开白玉门"的史话流传。

白老师虽然离开我们几十年了，但是他在发掘定陵时，所表现出的智慧和勇敢使我们永远难以忘怀。

庞中威在他的《定陵发掘亲历记》一书中这样总

结道："白老奇思妙想，凭着他那丰富的经验，设计指挥，打开 14 吨重的汉白玉大门，大门没有丝毫损伤，这是个奇迹。"

第五节　大门启开

1957 年，定陵地下宫殿的大门缓缓开启后，在金碧辉煌的地宫中出土了大量珍贵文物。

这些出土文物有万历皇帝的各种礼冠，皇后的各种凤冠；有纺织品、衣物；有银器、铜器、瓷器、玻璃器、玉器、石器、漆器、木器、首饰、宝石、珍珠、玉带、配饰、铁币等 3000 余件，数量巨大、花色繁多、品种齐全、工艺高超、举世震惊。

白万玉曾给家人说："不清不知道，一清吓一跳。"这些宝物简直令人眼花缭乱。他说从年轻时就搞发掘，见过的奇珍异宝无数，但也没见过如此众多的稀世珍品。这些珍宝用什么华丽的语言来形容都不为过。

在党中央大力关怀下，在有关部门和领导运筹帷幄，以及全体考古人员的共同努力下，十三陵定陵的发掘工作取得了巨大的成功。

1958 年 9 月 6 日，新华社向外界播发了一条消息，明十三陵已被打开。世界震惊。

国家首次科学发掘皇陵的成功，轰动了社会各界。

定陵出土文物成果展示会于 1958 年 9 月在故宫神武门楼上举行。

展览会盛况空前。在参观展览会的嘉宾中，既有党政要人，也有国际友人，还有各行各业、各阶层人士。

富丽堂皇的金银器，价值连城的珠宝玉器，精妙绝伦的青花瓷和绚丽多彩的罗纱织锦，以及龙袍、皇冠和凤冠，像磁石一样吸引着参观者的眼球。这些绝世之作让大家认识到在几百年前的明朝，我国的物质文明已经发展到一个很高的水平，特别是丝织工艺、金属制作工艺、建筑技术等真可谓登峰造极、无与伦比。

神武门的展览为定陵的发掘工作画上了一个圆满的句号。之后，对地上建筑与地下玄宫进行了修葺，对出土文物也略作整修。

1959 年 9 月 30 日，十三陵博物馆成立并同时向社会开放，作为向国庆十周年的重大献礼节目之一，成为当年一大盛事。

定陵发掘工作于 1956 年 5 月 17 日破土开工到 1957 年 9 月完成地上土方工程，至 1958 年 7 月结束玄宫的器物清理工作。前后费时两年零两个月，用工两万余人，工程巨大，耗资仅 40 余万元，出土各类器物 2648 件。

全体工作人员战酷暑、抗严寒、粗茶淡饭，不讲待遇，以高度认真负责的精神努力工作，很好地完成了党和人民交给的任务。这期间没有出过一起工伤事故，没有毁坏一件地宫里的宝物，使得发掘工作圆满结束。

夏鼐先生的秘书李遇春先生在回忆夏鼐先生的文章中提到，夏所长曾对定陵发掘做了非常简练中肯的总结："定陵发掘创造两个毫发无损：庞中威探险，人——毫发无损！白老打开大石门，物——毫发无损！目前已做到两个毫发无损，说起来容易做起来难啊！应当归功集体！"

后来，考古所资深考古专家黄文弼先生当着夏鼐先生和白万玉的面，赞赏发掘成功："这都是大家共同努力的结果啊！"

虽然很多人回忆说在发掘定陵工作中白万玉立了

大功，但他仍然保持着低调、朴实和大度的一贯风格。他曾当着大家的面说："成绩是大家做的，人人都有份！"这不是一句应酬话，完全是真心真意之语，闻者无不热泪盈眶。

2003年包括定陵在内的整个十三陵被联合国教科文组织列入世界文化遗产名录，昔日的皇家陵寝最终成了全人类的共同遗产。每天参观者络绎不绝，明十三陵已成为闻名中外的重点旅游景点。白老师当年曾给工人们讲的预言如今早已变成现实。如果他能亲眼看到该有多高兴呀！

我的启蒙老师白万玉，作为一名考古工作者，能够有机会参与到有划时代意义的考古项目中，应该是一生中最幸福的事了。特别是压轴戏定陵发掘现场指挥，更显得白老师考古田野发掘实际经验的丰富，这些都是载入史册之作。

怪不得白老师外甥女陈仲华女士写她舅舅白万玉《定陵发掘现场指挥白万玉》一书时，打电话请教著名考古专家罗桂环先生一些细节时，罗先生脱口道出"白万玉在考古界如雷贯耳"这样一句动情的话，使陈仲华女士十分感动。罗桂环先生这句话概括了世人对白老师的高度评价。

白万玉作为"一代田野考古大师"是实至名归的。如果考古技工这个行业要选出一个"祖师爷"的话，那么在中国，这个人一定是——白万玉。

白老师退休回老家，经常被各种考古发掘现场邀请，特别忙碌，在很多发掘现场都会出现他的身影。虽然他老了，但好像有使不完的劲儿，用不完的智慧和发挥不完的余热，终生为祖国的考古事业而奋斗不止。然而当他摩拳擦掌、再搏一把的时候，由于历史原因，白老师不幸离世了。我们活下来的人，要继续白老师的考古精神。

著名考古专家刘大有先生曾赋诗一首《悼白万玉》以表深情：

您是昆仑山巅的玉，

洁白无瑕似羊脂。

您的足迹遍布神州，

为考古事业甘洒汗水。

无论是赫定、安特生，

无论是夏鼐、吴晗，

都对您称赞不已。

附

明史小语

明朝从 14 世纪中叶 1368 年太祖朱元璋登上皇帝宝座，至 1644 年崇祯皇帝上吊死于煤山（景山）上，时间跨度达 276 年之久。这在中国几千年封建王朝统治的历史长河中，既称不上长久，也算不上短暂。

明朝的皇帝从太祖朱先璋始，历 16 帝，分别是太祖朱元璋、建文帝朱允炆、成祖朱棣、仁宗朱高炽、宣宗朱瞻基、英宗朱祁镇、景泰帝朱祁钰、宪宗朱见深、孝宗朱祐樘、武宗朱厚照、世宗朱厚熜、穆宗朱载垕、神宗朱翊钧、光宗朱常洛、熹宗朱由校、思宗朱由检。这 16 位皇帝在执政期间故事颇多，既纷繁复杂，又异彩纷呈，给后人们留下了说不完道不尽的话题。

明朝那些其他故事，在这里就不再多赘述了，就说说明朝开国皇帝朱元璋和末代皇帝崇祯帝。

众所周知，明朝开国皇帝朱元璋自幼当和尚出身，曾当过三年流浪僧，到了三九腊月天，他就睡在草堆里或马驴粪堆里取暖，凡是在农村待过的都知道，冬天下大雪时，就能看到马驴粪堆冒热气。后来朱元璋当了皇帝，有吃有穿，并住上了富丽堂皇的宫殿，这时他想起当年流浪僧讨饭吃的艰苦生活，写了一首诗，诗是这样写的：

身在粪中头戴瓢，老天不住下鹅毛。

而今我有安身处，那些庶民怎么着。

以上这首诗是朱元璋当上皇帝后写的，还能惦记着庶民百姓的疾苦，真乃难能可贵。遗憾的是，明朝皇帝后来都忘记了百姓的甘苦，最后被农民起义所推翻。

崇祯十七年（1644 年），是三力（明、大顺、清）角逐的关键之年。新年伊始，即是不祥之兆。正月初一，京城突然昏天黑地，狂风大作，令人压抑，要在前些年，春天偶有一点儿沙尘暴之类也不算什么，但在迷信观念浓烈的明代，这可是不得了的事情。

崇祯唯一能做的就是无奈地引领着大明朝走向末日。紧接着，皇帝的老巢凤阳的祖陵发生地震，不但惊动祖宗，也震撼人心，使人们如惊弓之鸟，惶惶不可终日。大家都预感到大明末日将至，议论纷纷，谣言四起，很多人抓紧筹谋退路，朝野上下成鸟飞兽散状。

同年正月，李自成在陕西称帝，定国号"大顺"；清政权正虎视眈眈，随时准备入关，问鼎中原。

正月初十，李自成逼近京城，消息传来，一下子炸开了窝。崇祯帝手执奏疏，浑身颤抖，竟泣不成声："朕不是亡国之君，可每件事情都是亡国之象，老祖宗的天下一旦丢在我手上，我有何面目去见列祖列宗？"

形势急转直下，明朝已危在旦夕，崇祯帝只好两次发表《罪己诏》向天下宣示承担一切罪责，以博人心，并下令停止一切加派，以稳民心，鼓舞士气，企图扭转局势。所有这一切都为时已晚，也无济于事，皇帝从来自认一贯正确、一言九鼎，现发表《罪己诏》，已预示来日无多了。

3月15日，大顺军进攻居庸关，守关明将投降。3月16日，崇祯正与朝臣议事，忽接急奏，昌平失守，李自成率40万大军包围京城，崇祯闻之大惊失色，不知如何是好，二话不说，立刻回宫，留下满朝一脸茫然的大臣。此时京城已乱成一锅粥，守军杂乱，号令不一，各自为政，后勤供应无从谈起，兵士饥寒交迫、士气低落……一派兵败如山倒的景象。

3月17日，早朝时，眼见京城即将陷落，崇祯帝十分激动，他时而对群臣哭泣，责怪自己不能书写大明辉煌，时而怒斥群臣，指责大明江山就是败在他们手中。当日中午，平则门、彰义门、西直门等处炮声大震，李自成开始攻城。3月18日，李自成亲临广安门，派人劝降，遭拒。

下午，崇祯再一次受到打击，他最信任的太监曹化淳竟然偷偷打开广宁门迎农民军进城。危急时刻，崇祯急召大臣商讨对策，却无一人进言。此时他心如刀绞，生死攸关时刻似乎所有人都要弃他而去，他竟忍不住哈哈大笑起来。他笑得极度疯狂与凄凉，整个大殿似乎都被他的笑声震动，而那些大臣也似乎看到了明亡的景象。

听到外城陷落的消息，知道大势已去，崇祯怅然若失，率领一群太监在城内胡乱转了一圈，登上了煤山（景山），看到外城烽火连天，不由得长叹一声，潸然泪下。

他默默地站了一会儿，最后看了一眼金碧辉煌的皇宫，痛心难以言状，不忍再看，便回宫处理后事。绝望已慢慢向崇祯逼近，城破之日，便是他家破之时。

　　他想到和他共患难的皇后和宠妃，想到他三个皇子和两个公主，他不敢想象那些疯狂的农民军破城之后将如何对待他们。于是他在绝望中做了决定，宁愿他们死于自己手中，也强于死在敌人之手。随后，他命侍从传来周皇后、袁贵妃和三个皇子，交代后事。

　　他令身边的太监向各宫传旨，皇后嫔妃速速自裁殉国。周皇后首先响应，表示愿意选择光彩而节烈的死，"妾身跟随陛下 18 年，今日同死社稷，死而无憾"。崇祯看着自己的结发之妻，随自己 18 年，最后竟得如此下场，心里愧疚无比，但也无可奈何。

　　为了给朱家留后，崇祯决定让三位皇子自行逃生。在一片慌乱中，崇祯还保留一丝镇静，这时的他集严父与慈母于一身，谆谆教导他的儿子们如何处事做人，最后语重心长地交代了一句："万一你们大难不死，将来定要报亡国之仇，复兴大明，千万不要忘了我今日的告诫。"这是崇祯作为一个父亲对儿子的临终嘱托，教他那些深宫之中长大，不了解外界世俗民情的皇子，如何在这个乱世中安身立命。

父子亲情中流露出无限的感慨，崇祯与他们抱头大哭，左右侍卫都被这生离死别的情景感动得失声痛哭。接着，他命人取来旧衣服，亲自给他们换上，系上衣带。最后，周皇后拉着孩子与崇祯的手凄声泣别，痛苦地返回坤宁宫。临别时挥手让太监将兄弟三人分别送到周、田二位皇亲家中避难，依依惜别，难舍难分。

之后，周皇后、懿安皇后（天启皇后）和众嫔妃领旨殉明。接着，崇祯帝又忍痛刺杀自己的爱女——16岁的长平公主和6岁的昭仁公主，最后留下一句绝望的哀鸣："你们为什么要生在我家?!"

此时崇祯已万念俱灰，觉得所有的人都离他而去了，剩下的只有拼死一搏。他借酒壮胆，准备拼命，但各处城门紧锁，他无能为力。走投无路的崇祯又折回乾清宫，他亲自敲钟召集群臣，但毫无回应。当钟声在空荡荡的紫禁城上空回荡，却未见一人前来相应时，崇祯彻底绝望了，此时的他成了彻头彻尾的孤家寡人。在此悲情时刻，死神逐渐向他袭来，他决意以死抗争，于是立下遗诏："朕死，无面目见祖宗，自去冠冕，以发覆面，任贼分裂朕尸，勿伤百姓一人。"

清晨，天空一片黑暗，崇祯在司礼太监王承恩的陪同下，爬上煤山（景山）。四周如死一般的寂静，崇祯看了一眼四处烽火连天的京城，一片兵荒马乱，这就是明朝亡国的景象。望着黑压压的紫禁城，他百感交集。17年的呕心沥血，17年的惨淡经营，如今毁于一旦，他只能以死向祖宗赎罪。

崇祯在太监王承恩的引导下，走到一棵歪脖树下说："朕死后你可以自行离开。"但王承恩断然表示不可，执意随主殉国。此情此景，崇祯十分感慨，他说："平日总有人奏你不检，但朕见你一向忠心耿耿，所以就不加理会，看来朕是看对人了，最后只有你还随在朕身边。"王承恩忙叩头谢恩，想要说什么，却已泣不成声。

崇祯坦然地走向那棵歪脖树"以发覆面"上吊自尽。王承恩不停地叩头，接着号啕大哭，随之也上吊殉葬，场面十分凄惨。

就这样，年仅35岁，心怀大志的崇祯以别样方式告别人世。他的死，既不壮烈，也不屈辱，只是有些悲凉。虽不壮烈，也够爷们。当一个男人在关键时刻挺身而出，拍着胸脯说出"我负全责，都冲我来，与他人无关"时，人们都会投去赞许的目光。崇祯帝作为一个真爷们，他够格！

当日中午，城破，李自成入城，明亡。276年的明朝画上句号。

李自成由德胜门入京，经承天门（清改天安门至今）进宫，以武英殿为办公处，标志着明朝正式结束。

李自成在武英殿举行登基典礼，称大顺皇帝，封妻子高氏为皇后，派宰相牛金星到天坛祭天。当天夜里，李自成下令放火烧宫。清晨大顺军退出北京，经山西撤往西安。

李自成在北京前后仅仅停留40天。1645年4月，这位在紫禁城里只做了一天皇帝的农民起义军首领，在湖北通山县九宫被乡兵袭杀而死。

朱元璋领导的农民起义，推翻了元帝国，建立了最后一个汉族王朝，历经276年，16位皇帝之后，又被李自成农民起义所推翻，不知道这是天意还是历史巧合？也许两者兼而有之。这也算是一种"生态平衡"，上苍不会把一切好处让某个人、某个家族、某个集团长久把持，长江后浪推前浪，是自然法则。

朱元璋精心筹划，以谋万世，只是一厢情愿，痴心妄想而已。李自成最后失败也是意料之中的事。同理，清朝也只延续了267年就寿终正寝了。两个数字不变，只是顺序排列有别罢了。它印证了黄炎培在延安同毛泽东有关"周期律"的著名谈话，以前那些朝代"其兴也勃焉，其亡也忽焉"，一部历史，"政怠宦成"的也有，"人亡政息"的也有，"求荣取辱"的也有，总之没有能跳出这周期律。

毛泽东自信地应答："我们已经找到了新路，我们能跳出这'周期律'，这条新路，就是民主。只有让人民起来监督政府，政府才不敢松懈。只有人人起来负责，才不会人亡政息。"经过"文化大革命"的洗礼和改革开放的磨炼，中国人民更深刻地悟出了这样一条颠扑不破的真理，要真正走出周期律，就必须确实实行民主法治。这四个字通俗易懂，但要真正做好，难上加难，唯其困难，更要迎难而上；只有切实做好了，人民才会拥戴支持，国家才能长治久安。

第四章 我的考古生涯

第一节 跟随白老师学习修补文物

一说起往事，总是让人心驰神往。让我们重新回到 1953 年，我永远也忘不了，那天，白老师把我领到工作间，这个院落在东北角一个小门外，靠右边有一个大棚，里面满地都是盆盆罐罐。

白老师领我在一堆破碎陶片前坐下，他说："先挑选破碎陶片接口，然后用粉笔在两片接口处画上记号，再往后把它们粘在一起。"一边说着，白老师一边动手操作，不一会儿，他就把一堆碎陶片黏合成基本成型的器物。

我边看边纳闷，白老师粘陶片的方法跟我以前在省文管会看到的方法不一致。以前看到的是修复人员用酒精泡漆片，然后用毛笔蘸点酒精溶化的漆片涂剂涂到陶片接口处，接下来用双手把它们黏合在一起，再小心翼翼插在沙盘里，等到黏合牢了才能移动。

我就问："老师，你这是什么漆？粘陶片又省事又快。"

白老师说："我是从瑞典安特生先生那里学来的，他说这是西方先进的洋干漆。"

白老师刚才粘好的器物，其肩部和腰部缺两块，他用铜马瓢装几块石蜡放到煤油炉烤化，然后慢慢倒到盛水的脸盆里，石蜡在水面上漂一层，少停片刻石蜡凝固成饼状。之后，根据缺口大小用刀切割一块作为范模，在器物的缺口处，根据器物的弧度把缺口封堵住，然后器物内倒上石膏。石膏很快凝固住，最后用小刀和木节草修整，一件完整的器物修复完毕。

白老师告诉我洋干漆的制作方法：先到中药店买些漆片，然后把深咖啡色的漆片倒到盆内，用铁壶烧一壶滚开水，倒在盆内的漆片上，漆片马上变成一团，用筷子挑起一块，在不烧手的情况下，用双手把它搓成筷子粗细长短样备用。临场使用时，找一个口朝外的煤油喷炉，把需要黏合的陶片放在喷炉上烤，然后拿备好的干漆棍在喷炉上烤化，赶快涂在陶片接口处，用双手使陶片黏合，挤出来的漆用小刀修一下即可。

白天，我和白老师基本上在修复室工作，从北京考古所和白老师一起来的钟少林先生晚上才从田野回来，他和白老师住在东北角小门里两间北屋内。那时晚上没有电视，晚饭后我们就在小北屋外聊天，白老师不喝酒，也不喝茶，就是爱抽烟，基本上烟不离手。

钟先生是满族人，大络腮胡，他的胡子经常刮，露出满脸青胡楂，他爱说笑话，他说："我这满脸胡子楂儿也有用处，在北京我有一次骑自行车上街，后带跑气了，我推半道上找个修车铺，修车师傅把后带扒开，找着跑气口准备补，却找不着锉子了，我接过里带在我胡楂上来回锉几下，那修车师傅涂上胶水，就把车带补好了。"他边说边比画，逗得我和白老师哈哈大笑。晚上聊天的大部分内容是白老师谈他跟安特生和斯文·赫定两位专家在西域考古的趣闻。

那时，几乎每晚我都跑腿给他们买夜宵，就是到洛阳十字街口，买路南的吊炉方烧饼，把烧饼切开，加卤肉和黄瓜片，用张大纸包好。我就赶紧拿着往回跑，这样回去以后烧饼还是热的。

白天我与白老师在工作棚忙碌，他边干边给我讲，修复文物是件细心的事，再小的文物也得用双手小心翼翼地拿，不求快，只求稳，遇见难题多动脑筋。有一天钟老师从工地带回一把需要修复的宝剑，第二天我在工棚看到一个纸包，露出一把断成两截的宝剑和一些铁锈。白老师说这些铁锈还有用不能扔，说着白老师就用焊锡把那断成两截的宝剑接上，然后用毛刷在焊好的宝剑上刷上一层胶水，接着把那些碎铁锈撒上，一把完整的宝剑修复完毕。

　　当时洛阳会战的除中科院考古所的人员外，还有武汉中南考古部门的老师，和山东大学一位历史系老师，因为我年纪小都对我不错。那位山东大学老师让我跟他回山东，培养我继续上学，武汉那位女老师也对我特别好，让我跟她到武汉，供我继续上学。

　　但我还是和白老师、钟老师走得近。记得有一次在院里聊天时，我睡着了，忽然下雨，白老师就把我抱屋里了。白老师对我特别好，如同父子，把他多年修复出土文物的技术毫无保留地传授给了我，我逐渐可以单独修复和复制文物了。有一天，我自己单独复制了两小件汉代灰色陶器，白老师看了非常高兴。不几天，他回北京时，把我复制的两小件陶器带到中科院考古所让梁恩永和夏鼐两位所长看，并说我非常聪明，想把我调到北京。两位所长都同意了。

白老师从北京回洛阳后，对我说准备把我调到北京，我一听非常高兴，就回开封省文管会给领导报告中科院考古所同意把我调到北京。当时的领导赵全嘏一听，说不行，咱们缺修复人才，不能去。不久就赶紧把我从洛阳调回郑州市前阜门里 31 号郑州考古组。我到郑州考古组报到，组长是安金槐，在这里我看到很多熟面孔，都是从开封省文管会来的，我记得有裴明相、韩维周、张超人、杨宗琦、许凤山、王润杰、韦文义等人。考古组把我安排到东边路南仓库修复文物，当时派两位女同志跟着我学修复文物，一位叫张玉景，另一位是小李。

郑州的文物大多数是商代遗址出土的，发掘自郑州商城周围。郑州商城的发现、发掘和研究保护，主要有三位先生：安金槐先生，韩维周先生，邹衡先生。

韩维周先生（1908—1961），河南巩义人，开封河南国学专业馆毕业，原河南省古迹研究会会员，郑州商城发现者。中华人民共和国成立初期，他是郑州市南学街小学教师，1950 年秋在郑州城南二里岗一带查看时，在建筑工地施工现场，意外发现并采集了一部分陶片和磨制石器，经鉴定属于商代遗存，由此逐步拉开了郑州商代遗存发现、发掘、研究的序幕。

邹衡（1927—2005），湖南澧县人，著名考古学家，北京大学考古文博学院教授，郑州商城主要研究者，他率先提出郑州商城是商汤所建的商代第一个国都——亳。在他的努力下"亳都说"得到了绝大多数学者的认同，并最终促成郑州"八大古都"之一地位的确立。没有邹衡先生就没有今天的商城遗址，没有邹衡先生就没有今天的

邹衡

"八大古都"，邹衡先生为郑州所做的贡献值得每一位郑州市民铭记。

1952 年国内的考古精英对郑州二里岗进行大面积考古发掘，这是邹衡先生第一次参与田野考古。1953 年我从洛阳调到郑州，在前阜门里 31 号郑州考古组，经常见到邹衡、苏秉琦、安志敏等先生。

我在郑州的这一段时间，基本上都是修复商代的

出土文物，每天跟我一块工作的是张玉景和小李两位女同志，她们已掌握了修复技术。但是 12 月下旬，开封突然来了紧急调令，让我马上回开封有新任务。

我回到开封后，见到赵全暇科长，他告诉我："省文化局党组（省文化局和省文联一个党组）决定，由于上级任命省文联主席苏金伞为省文化局副局长（行政 11 级），他的标准应配备沙发一套、写字台一张、皮椅三把、警卫员一名，所以要把你调省文联去跟苏金伞当警卫员。"

我一听就蒙了，经过几年文物部门的工作，我对文物工作已很热爱了，况且我已掌握一门修复出土文物的技术，为啥突然把我调出文物部门？虽然心里不乐意，但也不敢吱声，只好服从分配了。

第二节　调入省文联

1954 年 1 月 1 日，我到省文联工作，有幸从一个知识分子窝里转到另一个知识分子窝里。我到省文联报到时，首先见到办公室主任周一迅。周主任是个老干部，他一直对我很好，特别关心我的学习，每天早上我上文化补习学校，他都很耐心地检查我的作业。

1955年省文联随省政府迁郑，他带着我作为省文联先头部队来郑州接收房子（行政区24号楼三层省文联、二层省科委、一层省体委），家具和办公用品。报完到，周主任先领我去见省文联主席、省文化局副局长苏金伞。苏老对人和善没架子。

苏金伞（1906—1997），原名苏鹤田，河南睢县人，是中国五四以来最杰出的诗人之一，1932年开始发表作品。1946年《大公报》介绍苏金伞时说："他的诗讽刺得体，当世无第二人。"1926年毕业于河南省体育专科学校。1927年加入中国

苏金伞

共产党，曾被捕入狱。历任开封第一高中、河南水利专科学校、河南省立女中教员，河南大学体育系主任。后进入解放区，任华北大学三部文学创作组研究员。1949年加入中国作家协会，曾任河南省文联第一届主席，著有诗集《地层下》《窗外》《鹁鸪鸟》《苏金伞诗选》等。

苏金伞以诗为业，以诗自命，自言："三生修来是诗人。"1995年台湾九歌出版社出版的《新诗三百首》

中收录了苏金伞在 1946 年写的诗《头发》，台湾著名诗人余光中在序言中说："我一向认为苏金伞是一位早期诗人中虽无盛名却有实力的一位，却没料到他能写出像《头发》这么踏实有力、捣人胸臆的好诗。"并且立刻认定，此诗虽短，撼人的强烈却不输鲁迅的小说。

还有一位省文联岁数最大的老作家徐玉诺，他住在省文联前院食堂对面一间东屋内，我没事经常到他房间玩。他很喜欢年轻人，屋内有写字台和椅子，还有一小套沙发，书架和桌子到处堆的都是书。我每次去，他都热情地让我坐在沙发上，关心地问我家庭情况，为啥不上学。我都一一做了回答。他让我好好学习、多读书，临走时，他总是说欢迎我下次再来。

徐玉诺（1894—1958），河南鲁山人，名言信，是 20 世纪 20 年代活跃的作家，文学研究会重要成员。出身于贫苦农家，11 岁入私塾，18 岁入县立小学，22 岁考取开封省立第一师范。受《新青年》的影响，倾向新思想、新文学，喜读托尔斯泰、泰戈尔等人

徐玉诺

的作品，遂开始写白话诗文。五四运动爆发，徐玉诺被推为开封中等学校联合会代表、理事，领导了1919年5月31日的河南学生运动总罢课。师范毕业后，任鲁山县小学校长，处女作小说《良心》于1921年1月7日在《晨报副刊》上发表。同时经郑振铎介绍参加文学研究会，得以结识叶圣陶、郭绍虞、顾颉刚等人；在他们的影响帮助下，新作不断涌现，小说、诗歌、散文、剧本，陆续刊登在《小说日报》《晨报副刊》《时事新报·学灯》《文学周刊》《诗》月刊上，一发不可收拾，遂蔚为高潮。《雪朝》合集收入其新诗48首，个人诗集《将来之花园》收诗115首。其后，由于贫困、匪灾与战祸的打击，为生计所迫，徐玉诺浪迹十几个省份的几十个城镇，当中小学教师。特别是1930年后，很少发表作品，几乎搁笔，五六年时间报刊上不见发表一个字。曾引起鲁迅和茅盾的关心，为之发出"不知他哪里去了""是否尚在人间"的感叹！

1949年，新中国成立后，诗人心情舒畅，才又唱出新的赞歌，这时期的诗作代表有《买大公捉特务》《六万万人的呼声》，小说《朱家坟夜话》等，对此，人民给予诗人很高的荣誉。徐玉诺新中国成立后的活动轨迹如下：1949 年以鲁山代表身份出席豫西各界人民代表大会；1950 年在开封出席省各界人民代表大会，参加省文联筹备；1951 年任省戏曲改革委员会委员，并参加中南区文代会；1953 年被聘为省文史馆馆委；1954 年当选省文联第一届常务委员，8 月出席省人民代表大会；1955 年参加省政协会议；1956 年加入中国作家协会；1958 年 2 月参加省文联常委扩大会议；1958 年 4 月 9 日病逝。

周主任后来把我和李准安排住一个房间，那一年李准 26 岁，我 18 岁。

李准（1928—2000），本姓木华黎，后简化成李，原名李铁生，曾用名李准，河南洛阳人，蒙古族。他就是写《老兵新传》《李双双》的作者。他在省文联的绰号叫"博览群书"，读的书多。李准膀大腰圆，很健谈。他说要想当个

李准

作家，就得多读书，读书不能离笔，有需要记的就得记下来，譬如你吃块糖，随手把包糖纸扔掉，以后你就不知道那块糖的味道了。如果你把包糖纸留下

来，啥时候你看见那包糖纸，就回味起那块糖的味道，读书不离笔就是这个道理。他还说写东西就得会编故事，故事编好了，你觉得不满意，可以把它推翻重来，一直到你写的故事自己满意为止。

1953年李准因为写了一个短篇小说《不能走那条路》，触及防止翻身后的农民两极分化这一尖锐问题，受到高度重视，中国多种报刊转载，从此一举成名。之后共发表五十多篇小说，近二十部电影文学剧本、两部散文集。

李准常说："我没进过高等学校，社会生活就是我的大学。"可以说他家乡的小村镇，就是他最初的生活基地，就是他的"人间大学"。他所熟悉的三教九流、五行八作中的各色人物，都成了他后来作品中栩栩如生的人物形象。

李准在他32岁这一年的2月，加入了中国共产党。

1960年7月22日至8月13日，李准在北京参加中国文学艺术工作者第三次代表大会，受到党和国家领导人毛泽东、刘少奇、宋庆龄、周恩来、朱德、邓小平等同志接见。在这次大会上，李准当选为中国作协理事。

"文化大革命"中，李准被"发配"到黄泛区劳动改造。原来李准不熟悉豫东农民生活，这回正好补上这一课，成为他后来写的《大河东流去》颇为出彩的重要章节。

李准说："没有几下绝招，很难当个作家！我的看家本事是三句话叫人落泪，三分钟进戏，把读者的心放在手里揉，叫他噙着眼泪还得笑！"

常香玉舞台生涯50周年庆祝活动时，文艺界著名人士齐来祝贺，李准也来了。导演谢添一把拉住李准说："老李，我想当众试试你，你说三句话，让香玉哭一场，我才服你！"

李准略一思索，为难地对常香玉说："香玉，今天是你大喜的日子，他偏让你哭，这不是难为人吗？"接着他又说，"咱们能有今天可不容易啊，说起来你还是我的救命恩人呢！我10岁那年，跟着逃荒的难民到了西安，眼看就要饿死了，忽然有人大喊：'大唱家常香玉放饭了，河南人都去吃饭吧！'哗——难民们一下子都拥了去。我捧着粥，泪往心里流，心想，日后见到这位救命恩人，我得给她磕个头。'文化大革命'

中，你被押在大卡车上，我站在一边，心里又在流泪，我真想喊一句，让我替她吧，她是俺的救命恩人哪！……" "老李……别说了!"常香玉打断李准的话，捂着脸，转过身早已泪流满面了。谢添服了。

我和李准住在一个屋，他只比我大 8 岁，还有一位是南丁，比我大 5 岁。那时又没电视，晚上没事大家经常凑在一起聊天，我在耳濡目染中受益不小。李准很健谈，他说他曾到江苏省常熟市考察，常熟市只有 10 万人口，可是自元朝以后，出过 7 个宰相、8 个状元、465 个进士，现当代又出了一批国家级教授、学部委员，究其原因，得益于那里的读书风气浓厚，学风正派，学问做得扎实，读书方法得当。当地群众有句俗话："养儿不读书，不如喂头猪。"

南丁,原名何南丁(1931—2016),安徽省蚌埠人，共产党员。1949 年结业于华东新闻学院。南丁，是蒙古族人名，含义是珍贵的、宝贵的，南丁也指仅次于菩提树的一种南丁树。

南丁

南丁在省文联有个绰号"一目十行"，他看书理解得快。他是中国著名小说家、散文家，也是中华人民共和国成立后成长起来的第一代作家，河南杰出的文学领导人。1954年发表短篇小说《检验工叶英》成名。曾被选入高中语文课本，小说《旗》更是开"反思文学"先河。他注重作品的思想性，用寻求文学的方式进行表达，以老到的叙事、扎实的细节和鲜活的人物来表现作品的主题。

南丁52岁起担任河南省文联主席、党组书记（我得知这个消息，专门跑到省文联当面向他祝贺），创建了新时期的"文学豫军"，成就了一大批作家，例如20世纪八九十年代的张一弓、张宇、李佩甫、何向阳、王剑冰、杨晓敏、周同宾、郑彦英、孙方友、李洱等。

文学豫军与陕军、晋军、湘军一起成为中国文坛的中流砥柱。

南丁在省文联文艺工作中曾说："想说爱你也不容易，想说再见也不容易。"这句话道出了南丁心灵深处在文坛60多年的酸甜苦辣，他坎坷的经历，他辉煌的成就，真是这样。我觉得他是一架人梯，一颗铺路的石子，在他铺的这条路上，走出了一批批有影响力的作家。

还有一位作家栾星值得一说。栾星，1923年8月生人，本名栾汝勋，笔名殷车、引车卖等。家在洛阳孟津老城附近，那是一片古老的土地，武王在此渡河伐纣，伯夷、叔齐在此叩马谏武王，以后隐居附近的首阳山。听着这些古老的故事长大，栾星对中国历史文化萌生了巨大的兴趣。

抗战时期，栾星考取了流亡中的河南大学中文系，当时基本没有白话文教学，学生学的都是古典文献，在河南大学几年的时间，他打下了深厚的中文根基。后来他担任过郑州第一中学校长、河南省文联常委、创作部主任等行政职务，但学问从来没有放下。

20世纪80年代初，栾星调入河南省社科院文学研究所，历任副研究员、研究员、院学术委员，河南文学会副会长，专业从事文史研究，在版本学、近现代文学方面取得了突出的成就，出版有《歧路灯》校本（20世纪50年代我还在省文联时，常听说栾星先生研究《歧路灯》，这是与《红楼梦》同时期的名著）、《樵史通俗演义》、《甲申史籍三种校本》、《〈歧路灯〉研究资料》、《公孙龙子长笺》、《甲申史商》等著作，并参与编辑《中国古籍善本书目》，主编《河南新文学大系》。

《中原文化大典》执行总主编孙广举、副总主编郭孟良他们谈到栾星先生时深表钦佩，他们说栾星先生是最合适的《著述典》主编。他不但学养深厚，更重要的是治学态度特别严谨，对待工作特别认真。

《著述典》要求用数百字介绍一本古书，字数不多，却颇费功力，主编审稿也异常辛苦，栾星先生不惧琐碎，点点滴滴亲自去查，提出详细的修改意见。有些青年学者不擅长这样的文体，"栾星先生一个字一个词地校定，跟批改学生作文一样，近乎苛求，以致有些作者受不了"。但《著述典》这样的作品，非如此不能保证质量。

经参与编撰的学者们共同努力，《著述典》规模空前，所著述的有9000多种古籍，非常难得。通过此书纠正了以往的大量问题和错误。经过六年的艰辛努力，终于完成《著述典》的编撰任务。

栾先生已于2016年去世，此生无法再见尊颜，但有件事我终生不会忘，啥时候想起这件事都会有些后怕。

那是1956年7月31日，那天是我的生日，所以我记得很清楚。上午我去给栾星先生取500元稿费，回来赶上枪毙美蒋特务的刑车开往刑场。当时年轻好奇，我骑着自行车跟到刑场。刑场就在南关二里岗，那天跟去看热闹的人很多，刑场外停放着一大堆自行车，我把我骑的自行车往那车堆里一停就跑去看热闹了。看罢回来取车时，我才想起用小手绢包的 500 元现金还捆绑在车把上，当时吓得我一身冷汗，那时我每月工资 30 元左右，钱要真丢了，得两三年才能还清这个账。我慌忙到车前一看，万幸！车把上捆的钱原封未动。

河南省文联常委、河南文学学会副会长栾星

我从刑场骑车回到单位还不到 12 点，我把钱交给栾星先生，只字未提去刑场看枪毙人的事，最终栾星先生也不知道这件事。

第三节 再回省文物队

1956 年，信阳长台关发现大型战国墓，运回郑州两火车皮珍贵文物，其中有一套 13 个一组的青铜编钟。后来，我国第一颗人造卫星上天，卫星上播放的《东方红》音乐，就是用这一套编钟演奏的。这些文物没人修复，而原来在郑州考古组跟我学修复文物的那两位女同志也都结婚不干了。这时文物部门又想起了我。

1957 年元月，我又被调回河南省文物工作队，就是现在的考古研究院，当时队长是许顺湛，副队长是安金槐，秘书是谭金昇。在领导的安排下，组织七八个工人跟我学修复文物。就在文物队院内一大间西屋成立了文物修复室，主要修复信阳长台关才出土的战国墓文物。当时跟我学修复文物的七八个工人中，我还记得有马福庆、白相聚，其他人的名字记不清了。

我用从白老师那里学来的洋干漆黏合陶片，又省事又快，利用蜡模石膏简便修复陶器。这些都是瑞典著名考古学家安特生教授给白老师的，在修复室里，我又把这些毫不保留地传授给大家。所以，现如今河南考古研究院文物仓库内修复过的文物，都和我有关系。

我和白老师见的最后一面，是在 1956 年。当时中国科学院成立了黄河水库考古工作队，白老师从北京赴河南三门峡地区进行考古发掘工作，在陕西到河南三门峡会兴镇这一区域进行了普遍探测和发掘。因黄河水库考古工作队的大本营就驻扎在郑州金水路黄委会招待所内，白老师有事来郑州，就往省文联打电话约我和他见面，记得"五一"前后，白老师又打电话约我和他见面，见面后他告诉我中科院考古所来电报让他回北京有新任务，听说可能和发掘北京十三陵有关。

这次见面正好星期天，我们爷儿俩游玩了人民公园，在茶棚喝茶休息。白老师没喝茶习惯，只喝白开水，那天飘着柳絮，如同下雪。下午，我们出了人民公园，就在人民大剧院对面一间小饭铺，我请老师吃了郑州名吃葛记焖饼，那是郑州最早的葛记焖饼店。

白老师不让点菜也不要酒，他说我一生没啥嗜好，不吃酒，常年在田野工作，也没喝茶习惯，就一样嗜好，抽恒大牌纸烟。我们就要了两盘坛子肉焖饼和一大碗鸡蛋汤，那时我俩只花了一块多钱。吃完饭我把白老师送回招待所。

1957年8月，信阳长台关战国墓那批文物修复完了，上级又派我到西郊组郑州国棉三厂对面发掘遗址。当时西郊组组长是赵青云，共五人，另外四人是毛宝亮、陈嘉祥、王典章和我。

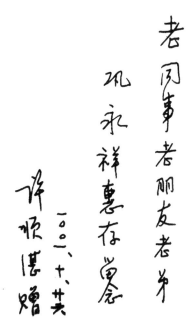

许顺湛题《许顺湛考古论集》赠言

10月份，全党开展"整风运动"和反右派斗争，此时我刚刚修复完长台关战国墓文物，就被下放，心中百感交集。

下放到农场劳动时，我见到了许多省文化系统的人，有省文联编辑部主任、作家、诗人，省话剧团导演、演员，省歌舞团演员，文物工作队考古人员等。那里虽然是"群星闪耀"，但说实话，那可不是疗养院，那段生活是不堪回首，我也不愿意回忆。

第四节 办美术社

1962年2月，我从农场劳动改造结束，回到原籍开封市。当时没有工作，生活没有来源，只能先靠我姐资助。后来我有个同学靠画画为生，他让我去给他帮忙，就是干些杂活，通过我这位同学又认识几位画师，我和他们相处融洽，后来都成了好朋友。他们画画，我就留神看，耳濡目染，对画画我也逐渐有所领悟。

1964年，郑州新建火车站，刚建好的时候候车厅要画几幅大油画。当时车站美工负责人柴安豫是开封市人，他介绍我的同学刘少龄等人去画那批画。我记得二楼要画一幅列宁，一楼西头要画一大幅全世界人民大团结的画，就是世界各色人种手拉手，背景是个大地球。

当时，我们一起住在大同路一个旅社。"五一"到了，我那些朋友都是结过婚的人，都回开封过节了，把我一个人留在郑州。我一个人到西郊铁路西工房家属院，给一位铁路退休老工人画一张 16 寸半身炭精像，1 寸 4 角，当天我挣了 6 块 4 角，从此，我也算是会画像了。

后来我长期在郑州、石家庄、太原等地画像，生活算是有了保障。我画像认真仔细，尽量达到雇主满意。人家请你画像是掏钱的，得凭良心！

"文化大革命"中到处破"四旧"，很少给老人画像，我们这一帮搞美术的自由职业者，被区政府给组织起来成立东昇美术社，由我负责。其中的成员不少是名牌学府毕业的，如上海美专、杭州美专等，很有才华。我们的美术社不大，但什么业务都难不倒我们。那个时期主要业务是画毛主席像。后来，"文化大革命"结束了。1980 年初，国家落实政策，我们美术社那些老师一一得到了平反。

在美术社期间，有一天晚上，我正在区里开会，美术社有两位老先生闹意见，到区里找我评理。我把他俩送出大门外说："你们俩合到一起恐怕有 150

岁了，还闹啥呢？都快回家休息吧！你们没见我正在开会，明天上班再解决。"

第二天上班，中午，我把两位老先生请到相国寺后门的馍头饭店，这个饭店当时不大，却是个百年的老字号，如今搬到开封东郊成了大饭店，是开封著名的豫菜馆。我们这两位老先生，一位是开封著名书法家徐唐洲，他主要写赵之谦魏碑，平常我称呼他徐老师；另一位鲁延祺，他是在中华人民共和国成立前的上海美专毕业，业务高手，平常我都称呼他鲁老师。

我们三人落座后，菜上齐，我给二位老师都斟上酒，我先举杯说："二位老师都端起杯，我们能聚在一起就是缘分，我们能在一个锅里捞稀稠，这都是上辈子修的。二位都消气了吧？"

二位老师相视而笑，我们三人一起干杯，哈哈笑了起来。

"文化大革命"时期的主要业务是画毛主席像（油画），其他业务收入都归区里开票，大家平均工资130元。有少数人背后说我的闲话："小巩又不会画，每月和我们拿的钱一样多！"说良心话，我确实不会画油画，我一天美术学校都没上过，但他们画画时，我时刻留神观看，默默地学。有一次我把他们都安排到外地画毛主席了，就剩我一个人在门市部，正好接了一幅六尺半身毛主席像，当天我就着手开始画，不到三天就画好了，挣了 50 块钱。

到了月底算账，大家都说怎么多了 50 块钱，我说你们都到外地画画了，我一个人在门市部画了一幅六尺半身毛主席像，所以多了 50 块钱。平常我是没时间画，不是开会就是到外单位结账。后来再没人说我的闲话了。我画的炭精像和油画都是第一张画就挣了钱！好多人说我是天才，其实只是别人作画时，我会用心观看学习而已。

这一时期还发生了一件趣事。有一天，我在美术社门市坐班，来了两位中年男子，他们问："你们这儿有位巩师傅吗？"

我站起来说："我就是，有啥事？"

来人说："在郑州的老乡说他们铁路家属院有位巩师傅给老人画了不少像，画得很好。我们准备请你给我们的母亲画一张像，我们找到郑州大同路你们住过的旅社，旅社的人说你早回开封了。今天我们来开封找，谢天谢地总算找到你了！"

2007年深秋与老伴儿在开封老宅合影留念

我就问他们："你们母亲的照片带来了吗？"

他们为难地说："那一年日本人打过来了，为了挡住日本人进攻，蒋介石不顾老百姓死活，把黄河扒个大口子，黄河水像脱缰的猛兽，向花园口南岸猛扑过来。人们惊慌失措，哭天喊地，我们兄弟俩不到20岁，牢牢抱着一扇门板算是逃个活命，遇难的大多数是儿童和老人，我们家爷爷和我母亲被水冲走了，还有小妹妹，哪有照片呢!"我说："你们没照片，我又没见过你们母亲，我怎么画呢?"

他兄弟俩咕叽一会儿说："巩师傅，我不好意思说，我母亲的脸庞很像你，可是比你的眼大些。"

我听完，看了看刚进来的我的女朋友（后来是我的夫人），笑了笑说："我也不好意思说，你们看见了吗，这位是我的女朋友，我们的脸庞相似，眼睛比我大。"

他们兄弟俩看了看，点点头。我说："这样吧，念在你们兄弟俩大老远跑开封找我的诚意，我破例给你们画一张，下午来取吧。"

我把他们兄弟二人打发走，我就找了一张我女朋友的照片，紧锣密鼓地画起来。下午就已画成一个农村打扮的中年妇女画像。

他兄弟俩下午过来问："巩师傅画好了吗?"我把画好的像从桌子上拿起来双手举起让他们看，他们看了看说："有点儿年轻。"

我说："你们先坐下等会儿，我让她变老。"我先把她的泪囊加大，眼角皱纹加重些，两腮修瘦些，我又画了两个耳环。我又举起像让他们看，兄弟俩异口同声："像，像，就是俺妈。"

他们付了钱再三道谢，高高兴兴地走了。

后来我和女朋友结婚了，我认为能够成就婚事和这次画像有很大关系。她的家长本来不同意，因我没有正式工作，自从我画了这幅像后，她的姑姑首先表态："此人有这个手艺，常言道'家有万贯，不如薄技在身'，闺女嫁给他不会受啥罪。"第二年我们就结婚了。

巩永祥和刘如意结婚留念

由于那个年月不宜张扬，我们结婚时，只摆了三桌婚宴来招待祝贺的亲朋好友，我们美术社的老师和同人们都来了。和我熟悉的人都知道我好朋友穷大方，每月的工资几乎都是寅吃卯粮。美术社的两位老师徐唐洲、鲁延祺知道我是打肿脸充胖子，所以两人就悄悄塞给我 350 块钱。当时人很多，我也不便声张，婚后我姐姐又从天津给我寄来钱，我如数把两位每人 175 元退给了他们，两位老先生异口同声说："我们那是让你结婚用的，还退啥呢？"我说："现在结婚随礼都是 10 块 8 块的，二位老师给的太多了，你们的心意我领了。"不这样做，我想这个人情账一辈子也还不清。

有段时间，美术社关门整顿，我就在家干些杂活，刻蜡版、描图、画教学挂图等。1968 年，我已有了大女儿，到腊月二十三祭灶，家里干好的活人家没来取，全家只剩 1 块 2 毛钱，我又没有借钱的习惯，"上山擒虎易，开口告人难"，我从不向人张口。早上我带上画画的家伙，用 9 角钱买了一张去兰考的火车票，到我以前去过的公社找活干。

到了一个公社供销社，他们都认识我，那位负责人说："巩老师你来得正好，我们大门前影壁墙才建好，正准备去开封请你们来画幅毛主席站像呢！"

我说："我来是到各单位检查我们画的像是否需要复色，快过年了给毛主席换身新衣服。"

那位负责人说："你们画那幅主席半身像放在会议室，风吹不着，太阳也晒不着，新鲜着哪，今天你既然来了，就把我们大门前影壁墙那幅九尺主席给画了吧！"

我故作为难地说："时间太紧了，快过年了……"那位负责人说："我们全体同志都盼着过年能挂上新毛主席像呢！"

正说着，有人来催着让去吃饭。他们热情地摆了一桌招待客人的饭菜，把我让到正座，并把酒斟上。那位负责人先举杯："大家都举杯，祝伟大的领袖毛主席万寿无疆！"大家一饮而尽。有人又把酒都斟上，大家接着举杯一饮而尽。

在吃饭中，我吩咐他们按影壁墙尺寸做个木框，撕一丈八尺五寸白平布，中间剪开，然后把两幅布合缝一起。饭后我就开始抓紧时间干。他们把我安排到一大间空着的仓库内，我一个人开始着手画起来。那一年春节前大雪，听说从兰考到这个公社道路都被雪封了，不通汽车。这一年农历二十九就是除夕，我冒着严寒不敢怠慢，农历二十八中午我就画完了。供销社的人们都来观看，大家一致叫好，画的是毛主席身穿大衣站在雪中的桥上，我又免费写一副对联："四海翻腾云水怒，五洲震荡风雷激。"大家拍手连连叫好！

晚饭前他们的会计结给我 180 元，那位负责人说："我们公社铁工厂影壁墙已建好，过了年巩老师一定来，再给他们画一幅八尺毛主席站像。"我笑着答应了。

第二天已是农历二十九了，早饭后我背起画画工具，他们送我到路口搭上汽车，我赶到家已是除夕下午了。

1970 年底，我已有两个孩子了，我爱人是东北沈阳市人，我们一家四口去沈阳走娘家。因开封朋友有紧急业务来电报催我赶快回开封，我就把爱人和孩子们留在岳母家，自己先回了开封。路过北京时，我特意下车去考古所看望白老师，因种种原因我们师徒多年没有联系了。我到考古所传达室一打听，传达室一位师傅遮遮掩掩地说："他已经去世了……"我一听头就蒙了，我老师干了一辈子考古，身体很好，怎么就去世了呢？带着满腹的纳闷和伤感，我乘火车回了开封。

回开封后有一大批图纸需要描还得晒，我和同行一向是只要搭伙计就同打虎同吃肉。我从不挑肥拣瘦，也从不斤斤计较，所以朋友们都愿意拉我入伙，收入还算过得去，在开封也能勉强维持生活。转眼已到不惑之年，我想以后老了就走不动了，趁现在还年轻，得到外面见见世面，于是经朋友介绍到区属小厂跑跑业务。

　　到1981年初，我已经跑了四年多业务，每月工资135元，养家糊口问题不大。全国各省份大城市都跑遍了，名胜古迹也没有漏掉。我留了个心眼，每到一处都有留影纪念。虽说我没读够万卷书，可我走的已经远远超过万里路啦！

　　为了使徒弟们也能长长见识，见见世面，我每次出差都带上一个徒弟，四个徒弟有一个是聋哑人，其他三个徒弟轮流跟着出差，我事先与厂里商量好，我们出去完成两份任务，拿两份工资。每个徒弟跟我出去吃喝全包，回来每人给60块钱，不让他们干活，业务由我一人完成。他们都乐意跟我一块儿出去，我们每到风景区游玩，师徒基本都有合影留念。

1980 年和三徒弟陈迎东（左一）在北戴河留影

和俩徒弟开封留影（右大徒弟徐重、左二徒弟魏永兴）

四个徒弟，大徒弟徐重在开封御街开个古玩

店；二徒弟魏永兴在开封市古建公园工作，担任省书协会员，擅长魏碑，在开封市写了不少招牌；三徒弟陈迎东在高速公路专门写路牌；四徒弟孙长河因是聋哑人，在政府办的福利工厂上班。他们现在都当爷爷了，逢年过节常来看我，着实师徒情深。

第五节　再回文博系统

党的十一届三中全会后，在"文化大革命"中遭受不公正待遇的人全部平反，我也在其中。

1981年初，我原单位派两个同志去开封帮我平反，落实政策后，让我即刻回郑州上班。2月1日，我到河南省博物馆报到，被安排到河南省博物馆工艺厂上班。工艺厂职工全是文博单位干部子女，属大集体。

厂长苏思义1951年初从河南省艺术学校毕业，分配到河南省博物馆工作，那时我在省文物管理委员会工作，和博物馆一个院，是老熟人了，我到工艺厂当他的副手（副厂长）。工艺厂下面有文物修复室、书画装裱室、对外销售工艺品的博古斋。

我和苏思义是老熟人了，工作配合很默契，关系一直很好。此人不爱说话，心地善良，属于正派人。

他了解我在开封开了多年美术社，有一天他拿出一幅南阳汉画像砖拓片让我照样画一张，当时我没吭声，他是在考验我水平怎么样！那一天是周六下午，我一直在考虑咋办，突然想起我老师白万玉常说遇见什么难题，要多动脑筋，总会有解决的办法。

第二天是星期天，我一个人来到一个大间空展厅，对汉画像砖拓片怎么画已胸有成竹。我把门一关就开始干起来，我先把一张宣纸裁剪成和那幅汉画像砖拓片大小长短一模一样，然后两张合并一起，周围用曲别针别牢固，铺在一块玻璃板上，玻璃板下面是一个大空抽屉，空抽屉内放一只 40 瓦的灯泡，通上电，随后把毛笔尖剪秃，蘸上墨汁，先在废纸上试验，觉得可以了就往灯上的宣纸下有一点儿画一点儿，有两点儿就画两点儿，工作一直到夜里两点才完成，然后我把屋内的灯拉着，把别上的曲别针取下，放在灯下桌子上，两张汉画像砖拓片一模一样。

星期一上班，我把完成的汉画像砖拓片带到办公室，两张一起交给苏厂长，我看他的表情有点儿发愣，我给他指指哪张是原来的，哪张是我画的，他嘴里不住"嗯，嗯……"频频点头，看来他是满意的。

河南博物院颁发的荣誉证书

苏厂长知道我以前在省文物工作队修复文物，他让我多负责修复室的工作，修复室王长青老师是民国时期北京有名的文物修复专家，1974年他从河南省博物馆退休，现如今又返聘到工艺厂发挥余热，他带领他的儿子王琛和其他干部子弟修复了大量的青铜器，包括王子午鼎、莲鹤方壶、妇好墓出土的妇好鸮尊、云纹铜禁等国家级的珍贵文物。

后来，王琛扛起父亲王长青百年传承的旗帜，成为河南博物馆技师、资深修复专家。如今王琛的青铜器修复技术，已被列入第四批河南非物质文化遗产推荐名单。

附录

河南博物院"九大镇院之宝"

自 2007 年 12 月 6 日起,河南博物院举办了一系列活动,纪念八十华诞。

作为整个活动的一项重要内容,河南博物院"九大镇院之宝"甄选工程已经尘埃落定。这是建院 80 周年以来,首次甄选并向社会公告"镇院之宝"。

河南博物院院藏文物 13 万多件(套),其中国家一级文物 576 件,无论从院藏文物数量还是从质量上说,均居全国博物馆前列。

河南博物院建馆 80 年庆活动现场

河南博物院 80 年庆活动现场

在河南博物院院藏文物中，谁最具经典性与代表性？或者说，就普通参观者而言，哪些文物最不容失之交臂？因该院建院 80 年来，一直没有甄选"镇院之宝"，故认识不同，众说不一；而参观者，也很容易在不经意之间，错过不该错过的影响整个中国历史进程的文物精品。这对参观者而言，是一种遗憾，对博物院而言，甚至是一种伤害。

河南博物院会同《厚重河南》召集学者、专家，经过科学论证，审慎甄选，共同推出了代表河南博物院收藏水准的"九大镇院之宝"，它们是：贾湖骨笛、杜岭方鼎、妇好鸮尊、玉柄铁剑、莲鹤方壶、云纹铜禁、《四神云气图》、武曌金简、汝窑天兰釉刻花鹅颈瓶。

贾湖骨笛

专家点评：距今八九千年的河南贾湖遗址，是同时期最为丰富的史前聚落遗址。1984 年至 1987 年及 2001 年，这里先后出土了 30 多支用丹顶鹤尺骨制成的骨笛。笛孔有 2、5、6、7、8 之别，大多数骨笛为 7 孔。贾湖骨笛是我国目前出土的年代最早的乐器实物，被称为"中华第一笛"。

贾湖骨笛不只是中国年代最早的乐器实物，更被认定为世界上最早的可吹奏乐器。实验证明，贾湖骨笛不仅能够演奏传统的五声或七声调式的乐曲，而且能够演奏富含变化音的少数民族或外国乐曲。它的出土，改写了先秦音乐史乃至整部中国音乐史，具有无可比拟的重要地位和价值。其研究成果在英国《自然》《考古》等著名学术期刊上发表后，引起国内外学界的广泛关注。目前，这一成果已被铭刻在北京"中华世纪坛"青铜甬道的显要位置。

点评专家：中国科技大学教授张居中。

杜岭方鼎

专家点评：1974 年至 1996 年，在郑州商城遗址西城墙南北两段外侧及东南城角外侧，相继发现了 3 处二里岗上层一期或稍晚（商代早期）的青铜器窖藏坑，出土一大批青铜器，其中包括形制相同的饕餮纹、乳钉纹大方鼎 8 件，通高在 0.59 厘米至 100 厘米，似具有列鼎性质，均为商王室祭祀所用的青铜重器。

这批青铜重器的出土，反映了商代"国之大事，在祀与戎"的历史内涵，也为郑州商城遗址是早期商王都提供了科学而有力的考古学意义上的证明。目前，杜岭方鼎已经成为郑州，乃至郑州作为中国八大古都之一的标志性符号，人民路三角公园的青铜雕塑，模型是杜岭方鼎；郑州市博物馆的建筑造型，模拟的亦是杜岭方鼎。

点评专家：河南省文物考古研究院研究员杨育彬。

妇好鸮尊

专家点评：就妇好鸮尊的造型、纹饰而言，它是妇好墓所出的 468 件青铜器中的精品。它造型新颖，各部位纹饰和谐，头部羽纹动感尤烈，予观者以扶摇直上八万里的艺术感染力，无愧于战神之美誉。

单就妇好鸮尊而言，它呈现出商文化刻意创新，追求完美的精神。而就妇好墓出土的青铜礼器、武器群而言，它们是商代物质文明与精神文明的体现，是"国之大事，在祀在戎"的物质载体，是中国青铜时代发展到一个新的高峰的物质证明。

妇好墓出土的器物整理基本完毕后，首先请郭沫若先生欣赏的一件器物，就是妇好鸮尊。郭沫若先生见到妇好鸮尊后，非常兴奋。他审视良久，在场的同志拍下了他细心观察妇好鸮尊的历史瞬间。郭沫若先生认为，甲骨文中的"鸮"字，像"鹰瞵鸮视"之形。据此，有研究者甚至认为，商族源神话"天命玄鸟，降而生商"中的"玄鸟"，实际上就是商祖先神的化身——鸱鸮神，而甲骨文中发现的"商"字，即为鸱鸮锐目之造型——此正所谓"鸱目虎吻""鸱视狼顾"也。这不但道出了鸱鸮与商的不解之缘，也解释了妇好墓为什么会随葬鸮尊礼器。如今猫头鹰虽然被视为不祥的恶鸟，但鸱尾、鸱吻还活在中国古典建筑的屋脊两端，是必不可少的建筑物件与装饰器物。

点评专家：中国社会科学院研究员郑振香。

玉柄铁剑

专家点评：考古学将漫长的人类社会划分为石器时代、青铜器时代、铁器时代三个阶段，分别对应于历史学上的原始社会、奴隶社会、封建社会三种社会形态。玉柄铁剑玉柄、铜芯、铁身，集昨天、今天、明天于一剑，它的发现，标志着作为社会生产力新代表的铁器已经萌芽，预示着我国青铜时代行将过去，宣告铁器时代，也就是封建社会，即将来临。

这件文物太珍贵了，最后我再说几句，这件玉柄铁剑，人们爱叫它的俗名——"中华第一剑"，是中华民族的骄傲——它把中国冶铁的历史向前推进了200年。

玉柄铁剑的发现实在是中国之幸，它险些为盗墓贼所践踏，当地公安机关一得到信儿，就决定夜袭盗墓贼。只差30厘米盗墓贼就挖到墓室了，盗墓贼不会认得玉柄铁剑是何物，当时只看到是一个铁疙瘩，也谈不上价钱的铁疙瘩，不"抛尸郊野"那才怪哩！

点评专家：河南省考古研究院研究员王龙正。

莲鹤方壶

专家点评：此壶全身均为浓重奇诡之传统花纹，予人以无名之压迫，几可窒息。乃于壶盖之周骈列莲瓣二层，以植物为图案，器在秦汉以前者，已为余所仅见之一例。而在莲瓣之中央复立一清新俊逸之白鹤（仙鹤），翔其双翅，单一足（郭沫若先生观看莲鹤方壶照片，写下此语，照片上莲瓣遮挡鹤之一足，故有"单其一足"，此鹤实乃双足而立也），微隙其喙作欲鸣之状，余谓此乃时代精神之一象征也。此鹤初突破上古时代之鸿蒙，正踌躇满志，睥睨一切，践踏传统于其脚下，而欲作更高更远之飞翔。此正春秋初年由殷周半神语时代脱出时，一切社会情形及精神文化之一如实表现。

盖顶一鸟耸立，张翅欲飞，壶侧双龙旁顾，夺器欲出，壶底两螭抗拒，跃跃欲试，全部格局，在庞然大器的附着上，有离心前进动向，最足以象征争求解放、迎接曙光的时代精神。

点评专家：中国科学院前院长郭沫若。

云纹铜禁

专家点评：1978年，河南淅川下寺二号楚墓出土的这件春秋晚期的云纹铜禁，庄严瑰丽，造型奇妙，铸艺巧夺天工，霸气自然天成，是河南博物院的镇院之宝。

此禁整体用失蜡法铸就。文献所见中国最早用失蜡法工艺的时间，在唐代初年——《唐会要》说，高祖武德年间铸造开元通宝，用的就是失蜡法。

因失蜡法文献所见较晚，学者一般认为中国失蜡法工艺源自印度。云纹铜禁的出土，将中国失蜡法铸造工艺的历史向前推进 1100 年——此禁铸造年代，不晚于公元前 552 年。墓主子庚是年而卒。

由此，学界认为失蜡法铸造工艺至少在 2500 多年前的中国，就已相当成熟。它不是舶来品，是中国固有的三大传统铸造技术之一。

点评专家：原河南省博物馆馆长、现河南博物院研究员任常中。

《四神云气图》

专家点评：1986 年 5 月，永城市芒山镇柿园村村民在本村开山采石时，发现一座结构复杂、规模宏大的西汉梁国王陵。该墓"凿山为室"，由角道、主室、便房、厨房、更衣室与众多耳室组成，布局与当下两厅数室之套房相若，总面积 3855 平方米。

该墓因在柿园村，故命名为柿园墓。墓主是西汉梁国第二代王——梁共王刘买。就是大名鼎鼎的梁国开国藩王梁孝王刘武的儿子。刘武是汉文帝次子，所领梁国统辖从河南开封到山东泰安一带的 40 多座城市，土地肥沃，是两汉初期最强盛的藩国之一。在"七国之乱"中，横亘在叛军与洛阳、长安之间的梁国坚守城池，为捍卫国家统一与刘家天下，作出过巨大的贡献。"七国之乱"得以平定，刘武至少有一半功劳。刘武自恃功高，加之母后窦氏宠爱，渐生夺取帝位之心。他制造兵器，广募豪杰，重敛钱财。金钱珍宝，甚至胜过长安中央政府，最后发展到与汉景帝争夺帝位。从他的儿子梁共王刘买墓出土的 225 万枚约 5500 公斤铜钱可窥一斑。

柿园出土的最宝贵的东西，就是被誉为"敦煌之前的敦煌"的《四神云气图》。该壁画不但是中国目前所见时代最早、画面最大、级别最高、保存最为完整的壁画，更是一部承载西汉初年中国神仙思想的壮丽史诗。

点评专家：河南古建筑保护研究所研究员陈进良。

武曌金简

专家点评：对于中岳嵩山来说，1982 年 5 月 21 日是一个非同寻常的日子。

这一天，登封唐庄乡农民屈西怀在嵩山峻极峰发现了女皇武则天金简。这一稀世国宝的发现，不仅是研究女皇武则天崇仰道思想的直接物证，也是研究武周时期社会意识形态的宝贵资料。

中国历代帝王为社稷、为黎民、为升仙等，都在祭祀、封禅神州名山——与天交通，是天子的职责。

埋藏刻写天子心迹的简、策，曾是祭祀、封禅活动的一项重要内容。简重上呈于天，是天子与天帝的"私话家语"，是国家的"最高机密"，史家无从获得资料，典籍难以辑载；当时埋藏诡秘，后人难以发现。

古老神秘的天子、天帝"人天交通"之门，因武则天金简的发现而轰然洞开。

点评专家：河南省登封市地方史志办公室主任吕宏军。

汝官窑天蓝釉刻花鹅颈瓶

专家点评：汝官窑天蓝釉刻花鹅颈瓶，是中国稀世珍宝，绝世无双。它是 1987 年汝官窑遗址发掘中获得的唯一一件完整的天蓝釉器物。

汝官窑系御用窑，烧造时间极短，只在北宋晚期烧了大约 20 年。之后，汝窑消失，技术失传。文献记载汝窑有"天青为贵，粉青为尚，天蓝弥足珍贵"之称。天蓝釉的形成，主要是烧制过程中窑位与火候恰臻妙处，因此成品率极低，传世极少。到目前为止，一共发现汝官窑传世天蓝釉器物 4 件；而在汝窑遗址考古发掘中，获得的天蓝釉作品，独此一件。在 5 件天蓝釉作品中，河南博物院收藏的这件汝官窑天蓝釉刻花鹅颈瓶，不但是唯一一件经考古工作者科学发掘所得的器物，而且是唯一一件刻花作品，其稀世难得，夫复何言！

　　点评专家：河南省文物考古研究院研究员赵青云。

后　记

星移斗转，日月如梭，弹指一挥间，我已是耄耋之年了。回忆文博工作五十年，有多少故人和往事浮现在眼前。历史岁月虽已流逝，但刻骨铭心的人和事却不会忘记。

巩正

在写作过程中，我得到了在河南省教育厅工作的儿子巩正的大力支持，他协助我寻找资料和制作图片。

本书的参考书籍主要有《河南省文史研究馆馆员事略》，刘大有先生的《安特生评传》，还有白老师的外甥女陈仲华所著的《定陵发掘现场指挥白万玉》，此外还有既是白老师的同事，又是徒弟的庞中威先生所著的《定陵发掘亲历记》等。

这部小书有一部分主要写白万玉老师一生的考古

阅历，让读者更进一步了解白老师对中国考古事业作出的重大贡献，这也算是对恩师的追思吧！读者从中也可以了解白老师从事考古事业的引路人和恩师安特生、斯文·赫定先生对中国矿藏、考古工作载入史册的突出贡献。

2008 年奥运会
开封 104 号火炬手
巩正

虽然本书中有挂一漏万和不完善之处，我还是尽量把故事讲得生动有趣、引人入胜一些，使人们在愉悦的阅读气氛中了解到那些鲜为人知的故事。